essentials

Essentials liefern aktuelles Wissen in konzentrierter Form. Die Essenz dessen, worauf es als „State-of-the-Art" in der gegenwärtigen Fachdiskussion oder in der Praxis ankommt. Essentials informieren schnell, unkompliziert und verständlich

* als Einführung in ein aktuelles Thema aus Ihrem Fachgebiet
* als Einstieg in ein für Sie noch unbekanntes Themenfeld
* als Einblick, um zum Thema mitreden zu können.

Die Bücher in elektronischer und gedruckter Form bringen das Expertenwissen von Springer-Fachautoren kompakt zur Darstellung. Sie sind besonders für die Nutzung als eBook auf Tablet-PCs, eBook-Readern und Smartphones geeignet.

Essentials: Wissensbausteine aus Wirtschaft und Gesellschaft, Medizin, Psychologie und Gesundheitsberufen, Technik und Naturwissenschaften. Von renommierten Autoren der Verlagsmarken Springer Gabler, Springer VS, Springer Medizin, Springer Spektrum, Springer Vieweg und Springer Psychologie.

Hans-Jürgen Arlt · Rainer Zech

Arbeit und Muße

Ein Plädoyer für den Abschied vom Arbeitskult

Prof. Dr. Hans-Jürgen Arlt
kommunikation & arbeit
Berlin
Deutschland

Prof. Dr. Rainer Zech
ArtSet® Forschung Bildung Beratung
GmbH, Hannover
Deutschland

ISSN 2197-6708
essentials
ISBN 978-3-658-08899-6
DOI 10.1007/978-3-658-08900-9

ISSN 2197-6716 (electronic)

ISBN 978-3-658-08900-9 (eBook)

Die Deutsche Nationalbibliothek verzeichnet diese Publikation in der Deutschen Nationalbibliografie; detaillierte bibliografische Daten sind im Internet über http://dnb.d-nb.de abrufbar

Springer
© Springer Fachmedien Wiesbaden 2015

Gedruckt auf säurefreiem und chlorfrei gebleichtem Papier

Springer Fachmedien Wiesbaden ist Teil der Fachverlagsgruppe Springer Science+Business Media
(www.springer.com)

Was Sie in diesem Essential finden können

- historische Erläuterungen, wie Arbeit und Muße ihre Bedeutung wandeln
- eine begriffliche Bestimmung von Arbeit und Muße
- die Analyse, wie der Kapitalismus aus Muße Faulheit, aus Arbeit Lebenssinn und aus der Arbeitsleistung einen Kostenfaktor macht
- die Erklärung der sozialen Frage moderner Gesellschaften
- die Skizze einer menschengerechten Gesellschaft, die sich aus Muße, sinnvoller Tätigkeit und guter Arbeit bildet

Vorwort

Unser Essay handelt von der Frage nach dem rechten Leben und der Rolle, die Arbeit und Muße dabei haben. Dafür schauen wir im 1. Kapitel auf unsere üblich gewordene alles umfassende Vorstellung von Arbeit und werden sehen, dass diese erst ein Spätprodukt der menschlich-gesellschaftlichen Entwicklung ist. Das 2. Kapitel wendet sich den beiden Begriffen Arbeit und Muße zu und bestimmt diese systemtheoretisch über die drei Selektionen Bedarf, Leistung, Gebrauch sowie Loslassen, Empfangen, Bildung. Im 3. Kapitel werden wir herausarbeiten, wie der Kapitalismus die moderne Arbeit kolonialisiert und die Muße zur Freizeit degeneriert hat. Im 4. Kapitel beschreiben wir, wie die weitere gesellschaftliche Einwicklung die Arbeitsgesellschaft abschaffen und der Muße ihre Kultur und Bildung schaffende Bedeutung geben wird.

Inhaltsverzeichnis

Als noch nicht alles Arbeit war – eine kurze Begriffsarchäologie von Arbeit und Muße   1

„Schauet die Lilien auf dem Felde, wie sie wachsen: sie arbeiten nicht, auch spinnen sie nicht." Das war die Zeit des Paradieses, als es noch keine Arbeit gab. Die Menschen sollten „nicht Schätze sammeln auf Erden", denn ihr „himmlischer Vater ernährte sie" mit den üppigen Naturgaben des Garten Eden (Die Bibel, Matthäus 6, 19–28). Diese wahrhaft paradiesische Zeit war zu Ende, als die Menschen begannen, nach Erkenntnis zu streben. Den Angriff auf seine Allmacht beantwortete Gott mit der Vertreibung aus dem Paradies und einem Fluch. Er verfluchte den Acker, die menschliche Lebensgrundlage: „Mit Mühsal sollst du dich von ihm nähren dein Leben lang" (Die Bibel, Mose 3, 17). Diese große Erzählung spiegelt die Lebenserfahrung der Menschen wider, die weitgehend ohne Technik gezwungen waren, ihren täglichen Bedarf an Lebensmitteln der Natur abzuringen. In dieser Erfahrung liegt wahrscheinlich der Grund, warum das Wort Arbeit in fast allen Sprachen etymologisch gleichbedeutend mit Mühsal und Qual ist – im Französischen sogar mit Folter. „Das gemeingerm. Wort bedeutete ursprünglich im Deutschen […] »schwere körperliche Anstrengung, Mühsal, Plage«" (Duden 2001, S. 46). Im Japanischen bedeutet beschäftigt zu sein, wenn man das entsprechende Zeichen genau übersetzt, „das Herz zerstören" (Suzuki 2007, S. 188). Arbeit und wirtschaftliche Aktivität wurden bis zur Moderne zwar als unvermeidlich akzeptiert, allerdings als notwendiges Übel. Daher ist Reinhard (2007, S. 17) der Ansicht, dass unsere heutige positive Bewertung von Arbeit erklärungsbedürftig ist und nicht die ursprüngliche.

Trotz der negativen Konnotierung des Arbeitsbegriffs, die bis heute spürbar ist, hat das Wort in der Moderne eine ungeheure Karriere hingelegt. Das zeigen schon die vielen Komposita, die sich mit dem Wort verbunden haben: Neben den Spe-

© Springer Fachmedien Wiesbaden 2015
H.-J. Arlt, R. Zech, *Arbeit und Muße*, essentials,
DOI 10.1007/978-3-658-08900-9_1

zifizierungen wirtschaftlicher Reproduktionsarbeit in Industriearbeit, Dienstleistungsarbeit, Feldarbeit und Hausarbeit werden mittlerweile nahezu alle anderen menschlichen Lebenstätigkeiten als Arbeit bezeichnet, z. B. Trauerarbeit für die Verarbeitung eines Verlustes, Erziehungsarbeit für die Aufzucht der folgenden Generation, Schularbeit für Lernen und Lehren, politische Arbeit für die Beteiligung an der Gestaltung des Gemeinwesens, künstlerische Arbeit für den freien kreativen Selbstausdruck und sogar als Gipfel des Grusels Beziehungsarbeit für die Pflege der zwischenmenschlichen Liebe und Partnerschaft. Kaum ein gesellschaftliches Tätigkeitsfeld, das mittlerweile nicht arbeitsförmig umcodiert wurde. Arbeit ist zur Pathologie geworden, die sämtliche Bereiche des menschlich-gesellschaftlichen Lebens kolonialisiert hat. „Hier also wird die Abstraktion der Kategorie »Arbeit«, »Arbeit überhaupt«, Arbeits sans phrase, der Ausgangspunkt der modernen Ökonomie, erst praktisch wahr" (Marx 1974a, S. 25).

Das war aber nicht immer so. Frühe Gesellschaften hatten diesen Abstraktionsbegriff Arbeit für alle ihre relevanten Tätigkeitsformen nicht. Im alten Ägypten gab es Winzer, Schuster, Schreiber, Weber, deren Tätigkeit als das benannt wurde, was sie eben konkret taten. Das altägyptische Wort, das heute meist mit Arbeit übersetzt wird, bedeutet eigentlich »Tragen«, bezeichnet also eine spezielle Tätigkeit derjenigen, die im wesentlichen einfache Arbeiten ausführten, z. B. beim Bauen (Eggebrecht et al. 1980, S. 42). Im klassischen Griechenland gab es z. B. die subsistenzsichernde landwirtschaftliche Tätigkeit, vornehmlich der Heloten und Sklaven (ponos), die werkschaffende Tätigkeit der in der Regel freien Handwerker und Künstler (poiesis), die auf die Gestaltung des sozialen Zusammenlebens in der Polis bezogene Tätigkeit des Adels (praxis) und die tätige Muße der (Selbst-) Bildung der Philosophen (scholé) (Brunner et al. 1974, S. 154 ff.).

Bei den Römern findet die Ablehnung von Arbeit ihre Fortsetzung. Harte körperliche Tätigkeiten, die nur der puren Notwendigkeit dienen, sind unehrenhaft. „Eines Freien unwürdig und schmutzig sind die Erwerbsformen aller Tagelöhner" (Cicero 2007, S. 131). Solchen Tätigkeiten werden die ehrenvollen freien Künste (artes liberales) gegenübergestellt. Zu diesen gehören z. B. Rhetorik, Mathematik, Musik, später auch Medizin und Jurisprudenz. Das lateinische Verb laborare, das wir üblicherweise mit arbeiten übersetzen, bezog sich nur auf die mühevollen, schmutzigen, unwürdigen Tätigkeiten. Wenn sozial höher gestellte Personen dennoch einer Form von Arbeit nachgingen, bezeichnete man diese im Altgriechischen als ascholia und im Lateinischen als negotium, was in beiden Fällen Nicht-Muße bedeutet. Aber auch das mit der Neuzeit entstehende Bürgertum arbeitete nicht. Es ging seinen Geschäften (frz. les affaires) nach oder war beschäftigt (engl busy, woraus das abstrakte business gebildet wurde). Auf jeden Fall arbeitete der Bürger noch nicht (Moretti 2014, Einl., Anm. 18).

Auch das Mittelalter, das als finsteres bekannt ist, hatte keinen positiven Arbeitsbegriff. Finster war es besonders für die, auf denen die Last der Sicherung der gesellschaftlichen Reproduktion lag, also vor allem den leibeigenen Bauern. Priester- und der Adelsstand waren von der Arbeit befreit. Das erfuhr seine Rechtfertigung sogar durch Thomas von Aquin, der ausdrücklich erklärte, dass nur die Notwendigkeit zur Arbeit zwinge und Gottes Gebot der körperlichen Arbeit nicht allgemein verpflichtend sei (Brunner et al. 1974, S. 162). Dies änderte sich erst durch den Protestantismus. Bereits Paulus hatte den Thessalonichern geboten: „wenn jemand nicht arbeiten will, der soll auch nicht essen" (Die Bibel, 2. Thessalonicher, 10). Aber erst Calvin und Luther dehnten die Arbeitspflicht auf alle aus. Ihrer Lehre lag der Arbeitsbegriff des neuen Testamentes zugrunde: Arbeit war Gottesdienst als Fortsetzung von Gottes Schöpfungswerk und dem Beten gleichgestellt (ora et labora). Müßiggang wurde jetzt als Faulheit imaginiert und abgelehnt. Jetzt sollten auch die Reichen und die Pfaffen arbeiten, auch wenn sie dazu nicht durch Notwendigkeit gezwungen waren. Trotzdem wurde das Wort Arbeit in der Umgangssprache des 16. bis 18. Jahrhunderts noch keineswegs auf alle menschlichen Tätigkeiten des zweckgerichteten Schaffens angewandt; die Bedeutungstradition von Mühe und Qual wirkte nach (Brunner et al. 1974, S. 165). Auch wenn Arbeit ideologisch zur Tugend erklärt wurde, hieß das nicht, dass die Menschen diese nun mit Freunde taten, ihr nicht doch so schnell es eben ging wieder entflohen. Foucault (1977) hat aufgezeigt, dass es Jahrhunderte gedauert und viel Blut, Schweiß und Tränen gekostet hat, bis man die Menschen für den Arbeitsdienst, für lebenslängliches, ununterbrochenes Arbeiten diszipliniert hatte. Dazu mussten regelrechte Disziplinaranstalten in der Form von Zucht- und Arbeitshäusern eingerichtet werden, in die man alle internierte, die aus welchen Gründen auch immer zum Arbeiten nicht bereit oder in der Lage waren, also Bettler, Landstreicher, Diebe, Kranke und Verrückte. Sie dienten als Mahnung für die Masse, sich dem Arbeitszwang nicht zu entziehen.

Eine grundsätzliche Änderung vollzog sich erst, als der Protestantismus seine Liaison mit dem entstehenden Kapitalismus einging. Die protestantische Prädestinationslehre und innerweltliche Arbeitsaskese vermählten sich mit der allgemeinen Arbeitspflicht zum Geist des Kapitalismus (Weber 2006, S. 23 ff.). Nun waren in den Köpfen alle gesellschaftlichen Halterungen gekappt, die die Wirtschaft im Zaum gehalten hatten, und die Arbeit konnte sich zur allgemeinen Form entwickeln, die sich alle anderen Tätigkeitsformen subsummierte. Bei Locke (1977) wurde Arbeit zur Ursache von Eigentum, für Smith (2009) war sie die Quelle für den Wohlstand der Nationen. Soweit stimmt auch noch Marx zu, der sich nie so recht entscheiden konnte, ob er den Menschen von der Arbeit oder ob er die Arbeit befreien wollte, damit mehr und besser gearbeitet wird. Marx definierte Arbeit als den Prozess, in dem der Mensch seinen Stoffwechsel mit der Natur durch seine eigene Tat vermittelt (1975, S. 192). In der Würdigung der Bedeutung der Arbeit geht Marx aber einen Schritt weiter, wenn er Hegel zustimmend „die Selbsterzeugung des Menschen als einen Prozeß faßt", der den „wirklichen Menschen als Resultat seiner *eigenen* Arbeit begreift" (1974b, S. 574). Hier taucht Arbeit dann erstmalig im Zusammenhang mit der menschlichen Selbsterschaffung auf. Dennoch war Marx weit davon entfernt, den Menschen auf Arbeit zu reduzieren. Für ihn begann das „Reich der Freiheit […] erst da, wo das Arbeiten, das durch Not und äußere Zweckmäßigkeit bestimmt ist, aufhört […]. Jenseits desselben beginnt die menschliche Kraftentwicklung, die sich als Selbstzweck gilt" (1976, S. 828). Erst wenn der Mensch davon befreit ist, durch die gesellschaftliche Arbeitsteilung auf nur „einen bestimmten ausschließlichen Kreis der Tätigkeit, der ihm aufgedrängt wird", festgelegt zu sein, kann er sein wahres Spektrum an Tätigkeitsformen realisieren, „heute dies, morgen jenes zu tun. Morgens zu jagen, nachmittags zu fischen, abends Viehzucht zu betreiben, nach dem Essen zu kritisieren, wie ich gerade Lust habe, ohne je Jäger, Fischer, Hirt oder Kritiker zu werden" (Marx und Engels 1969, S. 33).

Von Platon (2004, S. 398, 601 St.) war das Herstellen an den Gebrauch geknüpft worden; es war sogar der Gebrauchende, der „dem Verfertiger Auskunft [geben sollte], was er richtig oder falsch macht für den Gebrauch des gewünschten Gegenstandes." Noch Hegel (1986, S. 353) sprach von der „Abhängigkeit und Gegenseitigkeit der Arbeit und der Befriedigung der Bedürfnisse". So war Arbeit seit Menschengedenken gedacht worden – verbunden mit der Wendung der Not des Lebens und Überlebens. Ob als Gottes Fluch oder Segen, Arbeit diente der Befriedigung der Reproduktionsbedürfnisse im Gebrauch des Produzierten. Waren die Bedürfnisse befriedigt, dann hörte die Arbeit auf, und die Menschen konnten sich anderen Tätigkeiten zuwenden bis sich die Bedürfnisse wieder regten.

Damit macht der Kapitalismus Schluss. Ab jetzt bestimmt das Kapital, was und wie viel hergestellt wird. Der Zusammenhang von Bedürfnisbefriedigung im Gebrauch und Herstellung des dafür Notwendigen zerreißt. Produziert wird für den Verkauf, der das investierte Kapital mit dem entsprechenden Gewinn an den Investor zurückführt. Es ist sogar unbedeutend, ob die hergestellten Produkte konsumiert werden; es reicht, wenn sie verkauft werden, wodurch der Profit realisiert wird. Das Kapital macht sich in diesem Prozess alle Tätigkeiten, die mittelbar und unmittelbar seiner Verwertung dienen, untertan. Alles kann zur Arbeit werden und wird Arbeit. Damit einher geht die Abwertung von Muße zu Müßigkeit im Sinne von Faulheit. Nicht-Arbeit ist im kapitalverwertenden Sinne nicht produktiv und muss auf die Wiederherstellung von Arbeitskraft in der Freizeit beschränkt werden.

Da uns die Welt nicht an sich zugänglich ist, wir sie also nur über unsere Sinne wahrnehmen und perspektivenabhängig bewerten und begrifflich fassen, müssen wir die Beobachter beobachten, wenn wir wissen wollen, was diese unter Arbeit verstehen. Diesen Weg schlägt Baecker (2002, S. 205 f.) vor. Wir haben uns daran gehalten und kamen doch zu dem recht einheitlichen Resultat, dass bis zur Neuzeit Arbeit als eine mühevolle Last der notwendigen Reproduktion des gesellschaftlichen und individuellen Lebens betrachtet wurde. Erst mit der kapitalistischen Form der Arbeit wurde der Arbeitsbegriff universalisiert und für alle menschlichen Tätigkeiten verwendet.

Der systemtheoretische Beobachter Baecker (2002, S. 230 f.) beobachtet Arbeit selbst unter der Prämisse der funktional differenzierten Gesellschaft, in der die Teilsysteme – Wirtschaft, Recht, Religion, Kunst, Erziehung etc. – sich autonom und operativ geschlossen reproduzieren. Für ihn stellt sich Arbeit unterschiedlich dar, je nachdem welches Teilsystem beobachtet wird. Als Arbeit bezeichnet er generell das Potenzial, das die Selbstreproduktion des jeweiligen Teilsystems sicherstellt. Damit führt aber auch dieser Vorschlag einer Definition von Arbeit zu der bereits eingangs kritisierten Universalisierung. Jetzt gibt es eben wirtschaftliche, juristische, religiöse, künstlerische, erzieherische Arbeit etc. – sogar die Liebe als Reproduktionspotenzial des Intimsystems wäre dann Arbeit. Deshalb halten wir es für hilfreicher, die Reproduktionspotenziale der jeweiligen gesellschaftlichen Teilsysteme mit einem technischeren Begriff zu belegen, z. B. Operatoren, dann hat man den Arbeitsbegriff für den spezifischen Operator des Wirtschaftssystem frei und kann zugleich die Vielfalt der anderen beobachtbaren sozialen Handlungen durch unterschiedliche Begriffe bezeichnen.

Die aristotelische Unterscheidung der menschlichen Tätigkeitsformen hatte Arendt (1981) bereits wieder aufgenommen, als sie in ihrer Kritik der modernen Arbeitsgesellschaft Arbeiten von Herstellen und Handeln und diese wieder von der vita contemplativa, also der tätigen Muße, unterschied. In ähnlicher Weise wollen wir ebenfalls unter Rückgriff auf die griechische Tradition als *Arbeit* (ponos) nur die wirtschaftliche Reproduktionstätigkeit bezeichnen. Das Wirtschaften ist ebenso wie die damit verbundene Tätigkeit des Arbeitens ein Grunderfordernis menschlich-gesellschaftlichen Überlebens. Wirtschaft ist ganz allgemein die durch Vorsorge sichergestellte Versorgung.

Durch die Beschränkung des Arbeitsbegriffs auf den ökonomischen Kontext bleibt uns die Freiheit, die anderen Formen sozialen Handelns mit ihrem eigenen Namen zu nennen: *künstlerisches Handeln* für das Machen/Verfertigen/Herstellen eines Werkes, *politisches Handeln* für die Gestaltung unseres Gemeinwesens, *Bildung* für die Gestaltung des Humanum, *Erziehung* für die aktive Sozialisierung der folgenden Generation usw.

Menschlich-gesellschaftliches Leben zeichnet sich durch den Umgang mit Zeichen (Kommunikation) und den Umgang mit Dingen (Tätigkeit) aus. Arbeit wäre nach unserer Vorstellung eine Form der gesellschaftlichen Tätigkeit neben anderen, wie Erziehung, Rechtsprechung, Liebe etc. Man hätte Tätigkeit auf diese Weise – wie die Luhmann die Kommunikation – aus der substanzontologischen Betrachtung befreit und nach ihrer Funktion im gesellschaftlichen Prozess definiert. Dient ein Tun der materiellen Produktion/Reproduktion als Operator des Wirtschaftssystems, dann ist es Arbeit. Dient die gleich aussehende Tätigkeit der Pflege meines Gartens oder der Unterstützung meiner Freunde, dann wäre dies ggf. »Entspannung« oder »Liebesdienst«. Es kommt also auf den Sinnzusammenhang an, in dem eine Tätigkeit stattfindet und nicht auf die Tätigkeit an sich.

Soziale Systeme – auch funktionale gesellschaftliche Teilsysteme – sind Sinnsysteme. Der Sinnhorizont des gesellschaftlichen Systems definiert also die Tätigkeit als eine spezifische. Wie Kommunikation im Wirtschaftssystem zu wirtschaftlicher Kommunikation wird, so wird die Tätigkeit im Wirtschaftssystem zu Arbeit. Ebenso politische Kommunikation und politisches Handeln, Liebeskommunikation und tätige Liebe etc. Wenn wir also wissen wollen, in welchen gesellschaftlichen Funktionskreislauf eine Tätigkeit gehört, dann können wir fragen, an welcher Grundunterscheidung sie sich orientiert. Geht es in der modernen Gesellschaft um Zahlung/Nichtzahlung, dann ist die Tätigkeit Teil des ökonomischen Systems und damit Arbeit. Geht es um Liebe/Nicht-Liebe, dann bewegen wir uns im Intimsystem und es handelt sich bei der betrachteten Tätigkeit um einen »Liebesdienst«. Geht es um Recht/Unrecht, dann haben wir es mit einer juristischen Tätigkeit im Rechtssystem zu tun Usw.

Auf diese Weise kann Arbeit präzise und scharf abgegrenzt werden von anderen Tätigkeitsformen in anderen Sinnsystemen, die phänomenologisch gleich aussehen, die aber anderen Autopoiesen anderer Sinnsysteme als Operator dienen. Wir gewinnen durch diese begrifflichen Abgrenzungen mehr Präzision für unsere Diskussion von Arbeit und einen größeren Differenzierungsgrad, wenn wir uns mit deren anderer Seite, der Muße, befassen. Der weiteren Bestimmung der Tätigkeitsformen Arbeit und Muße werden wir uns im folgenden zweiten Kapitel widmen.

Am Anfang ist der Unterschied – begriffliche Annäherungen an Arbeit und Muße

2

Am Anfang ist der Unterschied: „Da schied Gott das Licht von der Finsternis, und nannte das Licht Tag und die Finsternis Nacht" (Die Bibel, 1. Mose 1). Vor der Unterscheidung war das Chaos, das Nichts. Erst durch die Unterscheidung entsteht ein Etwas.

Bevor wir uns den beiden Hauptbegriffen unseres Essays definitorisch zuwenden, wollen wir einige wenige wissenschaftstheoretische Bemerkungen vorausschicken, um unsere Herangehensweise an die Thematik offen zu legen. Die Basisoperation im menschlichen Weltverhältnis ist die Beobachtung. Beobachtet kann aber nur etwas werden, was zugleich von etwas anderem unterschieden wird. Eine Beobachtung ist – hier folgen wir Luhmann (1992, S. 68 ff.) – daher die Einheit aus Unterscheidung und Bezeichnung. Wenn wir etwas als klein bezeichnen, haben wir eine in der Regel nicht genannte Vergleichsfolie, die größer ist. Eine Bezeichnung verdunkelt also in der Regel ihre zweite Seite, die ihr dennoch ihren spezifischen Sinn verleiht. Der Himmel eines Priesters, der diesen von der Hölle unterscheidet, ist eben ein anderer Himmel als der eines Piloten, der ihn von der Erde unterscheidet.

Da wir die Welt nicht an sich, sondern nur durch unsere Beobachtung kennen, ist jede Bezeichnung perspektivenabhängig. Erst durch die Unterscheidung und Bezeichnung entsteht unsere Welt in ihrer jeweils spezifischen Bedeutung für uns. Das Ding an sich ist unerkennbar. Das heißt, erst durch ihre kommunikative Bezeichnung bekommen die Dinge und Tätigkeiten ihre Bedeutung, und diese nährt sich durch die unterschiedene, nicht bezeichnete Seite der Unterscheidung.

Auffällig ist nun, dass die frühen europäischen Gesellschaften in Griechenland und Rom Muße von Arbeit unterschieden, wogegen die moderne Gesellschaft sich

© Springer Fachmedien Wiesbaden 2015
H.-J. Arlt, R. Zech, *Arbeit und Muße,* essentials,
DOI 10.1007/978-3-658-08900-9_2

angewöhnt hat, Arbeit gegen Freizeit oder sogar Faulheit abzusetzen. Das Bedeutende dabei ist, dass es sich bei dem Tausch der anderen Seite nicht mehr um das gleiche Arbeitsverständnis handelt. Es hat sogar eine Umdrehung des Bestimmungsverhältnisses stattgefunden: Arbeit war bei Aristoteles erforderlich, um würdig der Muße frönen zu können; sie hatte Voraussetzungscharakter für die Muße, die präferiert wurde als eigentliches Humanum. Heute steht Arbeit an der ersten Stelle, und die Freizeit hat die Funktion, die Arbeitsfähigkeit zu reproduzieren. Es hat eine vollständige Bedeutungsverkehrung stattgefunden: Die Arbeit, die eine notwendige Voraussetzung der Muße ist, ist nicht dieselbe Arbeit wie die, um deren Willen Freizeit erforderlich ist. Wie es zu diesem Bedeutungswandel kommen konnte, werden wir im dritten Kapitel genauer nachzeichnen.

Einen Gedanken wollen wir an dieser Stelle schon vorwegschicken. Muße war die präferierte Seite der Unterscheidung und konnotiert mit gelingendem Leben in einer gerechten Gesellschaft, mit Selbstbildung zum Menschlichen, d. h. mit dem Versprechen der Erfüllung. Das war durchaus verlockend. Arbeit hingegen stand im Sinnzusammenhang mit Notwendigkeit, Mühsal und Qual. In der Neuzeit mit dem sich herausbildenden Kapitalismus wurde das Wertigkeitsverhältnis getauscht. Das Versprechen nach Erfüllung wanderte jetzt auf die Seite der Arbeit, die nun präferiert wurde. Vielleicht ist Hegel hier einer der ersten Gewährsleute mit seiner Formulierung der Selbsterzeugung des Menschen als Resultat seiner *eigenen* Arbeit (1974b, S. 574). Das Versprechen der Selbstverwirklichung in und durch die eigene Arbeit ist besonders heute wieder aktuell geworden, wo es verstärkt darum geht, die Identifikation der Beschäftigten vollends in einem „»Corporate Life«" (Spath 2012, S. 19) aufgehen zu lassen, um die Mitarbeiter mit Leib und Seele an das Unternehmen zu binden. Für die Freizeit fällt dann immerhin noch ein Konsumversprechen ab, dass man sich eben etwas leisten kann, wenn man beruflich erfolgreich ist.

Jetzt geht es erst einmal darum, die Begriffe Arbeit und Muße für uns operationsfähig zu machen. Dabei gehen wir – wie bereits im 1. Kapitel ausgeführt – nicht phänomenal nach dem äußeren Anschein der beiden Tätigkeitsformen Arbeit und Muße vor, sondern fragen nach ihrer jeweiligen Funktion im menschlich-gesellschaftlichen Reproduktionsprozess.

Arbeit: Bedarf, Leistung und Gebrauch

Arbeit als „Grundlage aller menschlichen Zivilisation" (Rifkin 1996, S. 17) zu bezeichnen oder gar als „erstes Lebensbedürfnis" (Marx 1976a, S. 21) kann zutreffend, aber auch eine der semantischen Aufladungen sein, mit welchen sich die moderne Arbeitsgesellschaft einredet, alternativlos als beste aller Welten dazustehen. Die Heroisierung und Moralisierung der Arbeit wird uns im dritten Kapitel beschäftigen. Jetzt soll ein Zugang zur Arbeit gesucht werden, der ihrem reichen historischen Bedeutungshaushalt gerecht wird und dabei eine analytische Schärfe besitzt, die ihre Konturen hervortreten lässt.

Der gängige Sprachgebrauch identifiziert Arbeit mit Leistung. Wer die Leistung erbringt, ist »der Arbeiter«. »Ich arbeite etwas« heißt, ich leiste etwas, und daran lassen sich eine Menge Fragen anschließen, etwa wann, wie lange, wo, zu welchen Konditionen gearbeitet wird, selbständig oder abhängig. Einschlägige Definitionen lesen sich so: „Arbeit ist ein gekonntes, kontinuierliches, geordnetes, anstrengendes nützliches Handeln, das auf ein Ziel gerichtet ist, welches jenseits des Vollzugs der Arbeitshandlung liegt" (Bahrdt 1983, S. 124). Dass Arbeit keine Tätigkeit um ihrer selbst willen ist, scheint der kleinste gemeinsame Nenner eines Zeiten und Kulturen übergreifenden Arbeitsverständnisses zu sein. In diesem Verständnis verbirgt sich allerdings die Inflationsgefahr, im Umkehrschluss jede zweckgerichtete Tätigkeit Arbeit zu nennen. Dem haben wir für unser Verständnis der Arbeit bereits im ersten Kapitel einen Riegel vorgeschoben.

Vorab gilt es, die theoretische Festlegung aufzulösen, die Arbeit auf eine Handlung reduziert. Was wird sichtbar und was wird ausgeblendet, wenn man Arbeit als Handlung beschreibt? Ein handlungsfixierter Zuschnitt des Arbeitsbegriffs entspricht der Verkürzung des Kommunikationsverständnisses auf das Mitteilungshandeln. »Ich kommuniziere« meint dann, ich teile etwas mit – mündlich, schriftlich, bildlich, öffentlich oder insgeheim. Diesem Verständnis hat Luhmann (1987, 191 ff.) einen Systembegriff von Kommunikation entgegengestellt, den er als Synthese der drei Selektionen Information, Mitteilung und Verstehen konzipiert Für den Arbeitsbegriff mangelt es an einem ähnlich komplexen Verständnis. Wir machen einen Vorschlag, der für sich in Anspruch nimmt, an das theoretische Niveau des Luhmannschen Kommunikationsbegriffs anzukoppeln.

Um Arbeit als soziales Handeln zu begreifen, gilt es, hinter die Beschreibung als Handlung zurück zu gehen und zu fragen, welche akteursunabhängigen Komponenten sie als Sozialform konstituieren. Die theoretische Fassung, die uns in besonderer Weise erklärungsstark zu sein scheint, fokussiert die drei Komponenten Bedarf, Leistung und Gebrauch. Arbeit als Synthese der drei aufeinander bezogenen Selektionen Bedarf, Leistung und Gebrauch zu verstehen, öffnet nicht nur den Analyse-Horizont für die Beobachtung historischer Formen der Arbeit. Es lässt auch erkennen, dass es keiner Arbeit bedarf, wenn die Möglichkeiten des Gebrauchs nicht an die Differenz von Bedarf und Leistung gekoppelt sind. Wo Milch und Honig fließen, kann Bedarf unmittelbar gestillt werden. Bevor wir die drei Selektionen im dritten Kapitel für die moderne Arbeit beschreiben, unternehmen wir hier eine erste allgemeine Annäherung.

Bedarf Am Anfang der Arbeit existiert ein Bedarf – aber nicht jeder. Um zur Komponente von Arbeit zu werden, um aus der Tätigkeit, die aus dem Bedarf resultiert, eine Leistung im Sinn von Arbeit zu machen, muss es sich um einen unfreiwilligen, einen von außen vorgegebenen Bedarf handeln. Wo der Bedarf als Bedürfnis, sogar als Grundbedürfnis auftritt, macht er sich massiv geltend. Der Mythos der Arbeit gründet sich in erster Linie auf ihre Leistung der Subsistenzsicherung. Ohne Nahrung, Kleidung und Schlafplatz kann kein Mensch überleben, keine Gesellschaft existieren. Vorgegebener Bedarf tritt nicht nur als natürlicher, sondern auch als gesellschaftlicher auf. Pharaonen, die Pyramiden errichten, Kirchenfürsten, die Dome, Unternehmer, die Waffen, Stars, die Luxusvillen bauen lassen, definieren damit einen Bedarf, für den eine Leistung zu erbringen sich nicht von selbst versteht. Es braucht in der Regel einen äußeren Anlass, sei es die Macht des Herrschers, seien es die eigenen Bedürfnisse, die vielleicht nur auf dem Umweg über eine solche Arbeitsleistung zu erfüllen sind.

Unter den großen sozialen Fragen ragt das Problem heraus, den gesellschaftlichen Bedarf zu definieren. Wie bestimmt sich und wer entscheidet, für welchen Bedarf brauchbare Leistungen zu erbringen sind? Rawls (1979) hatte dazu die Grundgüter einer gerechten Gesellschaft wie Freiheiten, Rechte, Chancen, Einkommen und Vermögen bestimmt, Skidelsky und Skidelsky (2013) nennen als Basisgüter u. a. Gesundheit, Sicherheit, Bildung, gegenseitigen Respekt, persönliche Autonomie, Harmonie mit der Natur und Muße für selbstzweckhafte Aktivitäten, die für den Tätigen Erfüllung bedeuten. Das Problem der gesellschaftlichen Bedarfsbestimmung zu verdrängen und dies der Wirtschaft oder der politischen Herrschaft zu überlassen, ist ein grandioses Kunststück der modernen Arbeitsgesellschaft, der kapitalistischen wie der untergegangenen sozialistischen. Der einen wie der anderen ist dieser Grundgedanke abhanden gekommen: Wenn der Bedarf gestillt ist, braucht es keine Leistung mehr, man kann mit dem Arbeiten aufhören, bis neuer Bedarf sich regt. Die Arbeitsgesellschaft kann sich nur vorstellen, dass damit auch jedes Tätigsein aufhört, weil sie dem Unterschied zwischen selbst bestimmtem und vorgegebenem Bedarf keine Beachtung schenkt. Tatsächlich sind dem Tätigsein für selbstgesetzte Ideen und Ziele keine Grenzen gesetzt. Es kann sich allerdings nicht entfalten, wenn der von außen vorgegebene Bedarf die meiste Zeit und Kraft raubt.

Leistung Die Geschichte der Arbeit wird in erster Linie als eine Geschichte ihrer Leistungen geschrieben, für welche Werkzeuge (Handwerkszeug, Maschinen, Computer) und Werkstoffe (Materie, Rohstoffe, Informationen) eine besondere Rolle spielen. Auf die *Technik*, aber auch auf die *Organisation* der Leistung (Familie, Unternehmen, Netzwerk) richtet sich die Aufmerksamkeit, denn Arbeitsleistungen finden meist kooperativ statt. Interesse weckt auch die Qualität der Leistung, die mit der *Qualifikation* und der Motivation der Arbeitenden im Zusammenhang steht. Am Ende des Leistungsprozesses steht das Erzeugnis. Es kann sich um *Produkte* oder auch um *Dienste* handeln. In jedem Fall muss das Erzeugnis brauchbar sein, einen Verbraucher finden, wenn Arbeit stattgefunden haben soll. Seine *Brauchbarkeit* macht aus dem Erzeugnis ein »Gut«. Es begegnet uns zum Beispiel als Guthaben, Diebesgut oder Wirtschaftsgut und bedeutet stets, ein Erzeugnis ist passend, tauglich, zweckdienlich (Kluge 1999, S. 343).

Wie eine Mitteilung ohne Verstehen keine Kommunikation, so ist eine Leistung ohne Gebrauch keine Arbeit. Solange die Leistung direkt über den Bedarf gesteuert wird, ist der an- und abschließende Gebrauch keine offene Frage, sondern eine logische Folge. Wie selektiv die Leistung ist, zeigt sich an den historischen Variationen, mit welchen sie sogar auf Grundbedürfnisse reagiert. Die Vielfalt an Nahrung, Kleidung und Wohnung ist ein beeindruckendes kulturelles Phänomen.

Gebrauch Als eine eigene Selektion tritt der Gebrauch hervor, wenn sich die Komponenten der Arbeit ausdifferenzieren, zeitlich, sozial und sachlich getrennt werden. Solange ein einfacher Grundbedarf mit einfachen Leistungen via direktem Gebrauch gedeckt wird, etwa in einem autarken Familienhaushalt, erscheinen die Antworten quasi naturgegeben, obwohl auch hier der Einfluss von Herrschaft auf die drei Selektionen nachweisbar ist. Sind die drei Komponenten ausdifferenziert, stellen sich Fragen zum Beispiel nach der Berechtigung des Zugriffs auf das Erzeugnis: Entscheidet der Bedarf oder die Macht oder das Geld über die Möglichkeit des Gebrauchs? Weitere Fragen schließen an nach dem Verhältnis von Angebot und Nachfrage, nach Quantität und Qualität der Erzeugnisse, nach den Entscheidungskriterien der Verbraucher, dieses Erzeugnis auszuwählen anstelle eines anderen. Was als Bedarf vorgegeben wird, wer welche Leistungen zu erbringen hat, wer welchen Gebrauch von den Erzeugnissen machen darf, darin unterscheiden sich die Lebensverhältnisse maßgeblich.

Dass der Gebrauch sich frei entfalten kann und das Erzeugnis in einer Weise verwendet, die mit der erbrachten Leistung nicht intendiert war, ist ein Phänomen, das erst in jüngerer Zeit Beachtung findet. Erst wenn die Leistung nicht mehr der unmittelbaren Bedarfsdeckung dient, gewinnt der Gebrauch die Spielräume, die „das Rätsel der Konsumenten-Sphinx" (de Certau 1988, S. 80) entstehen lassen. Die Komplexität des Arbeitsverhältnisses steigt dann zusätzlich dadurch, dass der freie Gebrauch zurückwirkt auf die Bestimmung des Bedarfs und dessen Evolution beeinflusst.

Ertragreicher als aus der Handlungsperspektive lässt sich die Evolution der Arbeit beschreiben als Geschichte der zunehmenden Ausdifferenzierung ihrer Komponenten (vgl. Abb. 2.1), Verschiebungen der Führungsverhältnisse inklusive. Die ursprüngliche Führungsrolle des Bedarfs, die solange gilt, wie offenkun-

ARBEIT:	Bedarf	**Leistung**	Gebrauch
		Organisation | Technik | Erzeugnis	

Abb. 2.1 Die Komponenten der Arbeit und der Arbeitsleistung

dige Bedürfnisse die Auswahl der Leistungen und den Gebrauch der Erzeugnisse dirigieren, geht schon in ständischen, hierarchisch geschichteten Gesellschaften zurück, weil dort die Oberschicht von ihren Gebrauchsideen und –gewohnheiten her die Leistungen befiehlt. Dass daneben unerfüllter Bedarf existiert, der sich in Armut und Verelendung niederschlägt, hat auf die gesellschaftliche Arbeit wenig Einfluss. Machtgestützte Gebrauchswünsche können sich gegen machtlose Bedarfsnöte durchsetzen.

An dem noch relativ einfachen Fall feudaler Verhältnisse tritt die soziale Differenzierung der Arbeit scharf hervor, denn der Adel zeichnet sich dadurch aus, dass für ihn die Gebrauchskomponente der Arbeit reserviert ist. Sein Zugang zur Welt und damit auch zur Arbeit ist der Genuss, das Vergnügen. Die Versorgungsleistungen ebenso wie die Leistungen für luxurierenden Gebrauch haben die Bauern, Handwerker und Bürger zu erbringen. Der Adlige ist der Dilettant. „Dilettare" bedeutet im Italienischen erfreuen, amüsieren, abgeleitet aus dem lateinischen Verben „delectare", sich ergötzen (Kluge 1999, S. 181). In der Arbeitsgesellschaft, das überrascht nicht, gilt der Dilettant als Stümper. Auf der anderen Seite sind Leibeigene und Knechte ein »natürlicher« Teil der Versorgungsgemeinschaft, ihre Arbeitsleistung wird erwartet, notfalls erzwungen, aber dass für ihre Subsistenz im Rahmen der wirtschaftlichen Möglichkeiten gesorgt ist, steht außer Frage, solange sie machen, was sie müssen, und lassen, was sie nicht dürfen.

Der Zusammenhang der Arbeit mit der Subsistenzsicherung tritt an der Komponente Bedarf unmittelbar hervor. Das Nötige tun, um das Notwendige zu erreichen, könnte die Grundformel der Arbeit lauten. Wie wird aus der Raupe Arbeit der Schmetterling (oder der Drache) Wirtschaft? Wie wird aus körperlicher Aktivität Sport? Wie wird aus Glauben Religion, aus Wahrheitssuche Wissenschaft, aus Neuigkeiten Öffentlichkeit? Wie wird aus politischen Entscheidungen ein Staat? Stets liegen Unterscheidungen zugrunde und Prozesse, die jeweils an einer Seite der Unterscheidung anknüpfen und im Sinne von Emergenz für das Auftauchen neuer Strukturen sorgen. Die empirische Buntheit und Unberechenbarkeit solcher Prozesse ist faszinierend. Für die theoretische Rekonstruktion der Verwandlung von Arbeit in Wirtschaft versuchen wir einige Hinweise zu geben.

Den Arbeitsprozess darauf auszurichten, dass die Leistung nicht nur den Gebrauch ermöglicht, der den akuten Bedarf deckt, sondern auch Vorsorge für künftige Bedarfsbefriedigung zu treffen, ist eine naheliegende Option. Sie kann praktisch werden, sobald die Potenziale der Leistung groß genug sind, um Erzeugnisse über die aktuelle Überlebenssicherung hinaus bereitzustellen. Arbeit, der es um die Vorsorge für künftige Versorgung geht, nennen wir Wirtschaft. Der Arbeitsprozess geschieht als Wirtschaftsprozess, wenn er auf das Mehr abzielt, das nicht zur gegenwärtigen Bedarfsbefriedigung verzehrt wird.

Wirtschaft beobachtet Leistung und Gebrauch im Hinblick darauf, dass nicht nur der aktuelle Bedarf gedeckt, sondern auch künftige Versorgung gesichert wird. Wirtschaft zielt auf ein Mehr an Leistung und/oder ein weniger an Gebrauch – Stichwort Sparsamkeit –, um für den Gebrauch von morgen vorzusorgen. Historisch nimmt sie zuerst die Form der Vorratshaltung und der Landwirtschaft an. Arbeit in der Form der Wirtschaft kann verstanden werden als eine Tätigkeit mit der Funktion, brauchbare Leistungen für aktuellen und künftigen Bedarf zu erbringen. Wirtschaften ist die weitsichtigere Form des Arbeitens.

In der ökonomischen Perspektive der Arbeit deutet sich eine latente Spannung an, weil es vorstellbar wird, dass sich die Verteilungsfrage, die hier in zeitlicher Hinsicht aufgeworfen wird – welche und wie viele Erzeugnisse werden heute verbraucht, welche und wie viele für morgen reserviert –, auch als soziale Frage stellen kann: Bleibt die heutige Versorgung der einen defizitär, um anderen mehr Vorsorge zu ermöglichen? Müssen die einen verelenden, damit andere besser leben können?

Sobald Arbeit wirtschaftlich beobachtet wird, wird darüber hinaus eine Frage sinnvoll, die in dieser Fixierung auf Quantitäten zu keiner anderen Tätigkeit passt: Wie ist mit weniger mehr zu bekommen? Nicht zu verwechseln mit der Überlegung, ob sich eine Tätigkeit anders, besser oder schlechter machen lässt. Qualität ist ein anderes Problem als Wirtschaftlichkeit (Zech 2015). Deutlich wird die (später ausführlich zu erörternde) Möglichkeit, jede Tätigkeit mit dem Problem ihrer Wirtschaftlichkeit zu konfrontieren. Die Frage, wie sich mit weniger Leistung mehr Gebrauchsmöglichkeiten realisieren lassen, hat eine Grundbedingung, die erfüllt sein muss, sonst macht sie keinen Sinn: Knappheit. Knappe Güter sind begrenzt *und* begehrt: Sowohl Überfluss als auch Desinteresse im Sinne fehlender Nachfrage machen der Wirtschaft ein Ende. Wenn sie sich nicht auf Knappheit berufen kann, wird Ökonomie sinnlos. Wie groß das Netz ist, das geknüpft sein muss, um Wirtschaft wichtig werden zu lassen, sieht man beispielsweise daran, dass sich Knappheit sozial über Eigentum realisiert. Nachfrage vorausgesetzt, sorgt Eigentum dafür, dass es nicht einfach die Quantität eines Gutes ist, das dessen Knappheit bestimmt. Eigentum ist eine folgenreiche rechtliche Konstruktion, deren Differenz zum Besitz zu beachten ist. „Das Vorhandensein von Besitz ohne Flankierung mit Eigentum bedeutet die bloße Beherrschung von Gütern und Ressourcen nach bestimmten Regeln" (Heinsohn und Steiger 2006, S. 9), welche die physische Nutzung festlegen. „Tritt Eigentum zum Besitz hinzu, dann werden aus beherrschten Gütern und Ressourcen bewirtschaftete, in Geld denominierte Größen – Waren und Vermögen [...] Die Eigentumsseite von Waren und Vermögen wird durch die Rechte ihres Eigentümers bestimmt, sie zu verkaufen, zu belasten und zu verpfänden sowie für Vollstreckung bereit zu halten" (Heinsohn und Steiger 2006, S. 9 f.). Die juristische Konstruktion Eigentum lässt Kredit, Zins und Geld normal werden. Haben wir vor lauter Wirtschaft die Arbeit aus den Augen verloren?

Muße: Loslassen, Empfangen, Bildung

„Wochenenden sind normale Arbeitstage, eine Balance zwischen Privatleben und Arbeit gibt es nicht. Es gibt nur die Arbeit, sonst nichts. Ist jemand andrer Meinung, muss er gehen." So beschreibt die ZEIT (Nr. 50 vom 5.12.2013, S. 59) „die Regeln des zeitgemäßen Kapitalismus" bei Amazon, einem der erfolgreichsten Unternehmen des Gegenwart.

In seinem Essay „Müdigkeitsgesellschaft" stößt Han (2013) in dasselbe Horn. Er diagnostiziert für die aktuelle Leistungsgesellschaft den Verlust der – im Hegelschen Sinne verstandenen – Negativität. Die Möglichkeit der dialektischen Negation, die letztlich Entwicklung bedeute, sei suspendiert. Die Gesellschaft habe ihre Stoppmechanismen verloren. Ein Übermaß an Positivität des immer Gleichen führe auf Dauer zum Durchbrennen durch Überhitzung. Die Gesellschaft kenne nur noch Produktivität und ungehindertes Wachstum. Der Imperativ der Leistung sei das Gebot der spätmodernen Arbeitsgesellschaft mit einem Menschentyp, der ohne Fremdzwänge und im vermeintlichen Bewusstsein der Freiheit nur noch arbeite und zu keiner kontemplativen Versenkung mehr fähig sei – bis zum physischen und psychischen Zusammenbruch.

Zeit zu haben, ist ein schlechtes Zeichen in der Erwerbsgesellschaft. Dabei hatte alles einmal ganz anders angefangen in der Wiege unserer europäischen Zivilisation. »Wir arbeiten, um Muße zu haben.« So wird eine Passage aus der Nikomachischen Ethik von Aristoteles häufig zitiert. „Wir opfern unsere Muße, um Muße zu haben", heißt es in unserer Ausgabe (Aristoteles 1995a, S. 249, 1177b). Genau übersetzt müsste es sogar heißen »Wir sind unmüßig, um Muße zu haben.«, erläutert Pieper (2007, S. 49 f.), denn im Altgriechischen hat es für den Bürger kein Wort für Arbeit gegeben. Arbeit als Befriedigung der Notdurft war dem Haushalt, dem Oikos, vorbehalten und wurde von Sklaven und Frauen erledigt. Für die Polis und ihr soziales Handeln der edlen Bürger war sie nicht vorgesehen.

Das tugendhafte Handeln der Edlen (aristoi) mit dem Ziel der Glückseligkeit (eudaimonia) war selbstzweckhaft. Es diente keinem anderen Zweck als der Tugend selbst, denn „die tugendgemäßen Handlungen [sind] an sich genußreich, überdies aber auch gut und schön", (Aristoteles 1995a, S. 15, 1099a), denn „die Glückseligkeit scheint in der Muße zu bestehen" (Aristoteles 1995a, S. 249, 1177b). Jede „lohnbringende Arbeit" war aus der Polis ausgeschlossen, „da sie den Geist der Muße beraubt und ihn erniedrigt" (Aristoteles 1995b, S. 284, 1337b). Die Natur verlangt nämlich danach, „nicht nur in der rechten Weise zu arbeiten, sondern auch würdig der Muße pflegen zu können. Denn die Muße […] ist der Angelpunkt, um den sich alles dreht. Denn wenn auch beides sein muss, so ist doch das Leben in der Muße dem Leben der Arbeit vorzuziehen, und das ist die Hauptfrage, mit welcher Art Tätigkeit man die Muße auszufüllen hat" (Aristoteles 1995a, S. 284 f., 1337b). Schließlich: „Die Muße […] scheint Lust, wahres Glück und seliges Leben in sich selbst zu tragen" (Aristoteles 1995a, S. 285, 1338a).

Aristoteles wurde so ausführlich zitiert, weil hier die Fragen – und zum Teil bereits die Antworten – vorgezeichnet sind, die uns interessieren. Welche Art der *Tätigkeit* wird also in der Muße ausgeübt? Muße ist kein Nichtstun. Das Wort bedeutet wortursprünglich „Gelegenheit oder Möglichkeit, etwas tun zu können" (Duden 2001, S. 546) Muße im platonischen Sinne als Ideenschau (theoria) ist eine geistige Tätigkeit im Bewusstsein höchster Wachheit. Theorie im ursprünglichen Sinne der Kontemplation einer erschauten Wahrheit ist ein höchst intensives Tätigsein bei äußerer Unbewegtheit, erläutert daher Arendt (1981, S. 283).

Bis hierher können wir für die Muße im klassischen Sinne resümieren: Die Voraussetzung der Muße ist Freiheit im Sinne der Unabhängigkeit von äußeren und inneren (Arbeits-)Zwängen. Ihre Tätigkeit besteht in kontemplativer Ideenschau als Erkenntnis der Wahrheit. Und ihr Ziel ist Tugend im Sinne der Glückseligkeit eines gelungenen Lebens in einer gerechten Gemeinschaft von Gleichen.

Wechseln wir zurück in die Neuzeit. Die Fähigkeit zur Muße ist den Menschen abhanden gekommen, konstatiert Pieper bereits 1948 in seinem grundlegenden Buch „Muße und Kult" (2007). Muße heißt griechisch scholé, deutsch Schule, schreibt Pieper (2007. S. 48). Das hat aber nichts mit der Institution der Schule zu tun, wie wir sie heute kennen. Bei den Griechen ging es um Seelenbildung, und deshalb sollte Muße vielleicht besser mit Bildung übersetzt werden – in einem emphatischen Humboldtschen Sinne als allseitige Entfaltung aller menschlichen Fähigkeiten. Bei dieser vita contemplativa geht es nicht um einen zurückgezogenen Solipsismus des isolierten Einzelnen, der sich von seiner anstrengenden Arbeit erholen muss, sondern, so Pieper (2007, S. 80), um die Vollkommenheit des Einzelnen, die notwendig ist zur Vollkommenheit der menschlichen Gemeinschaft.

Gerade dass Muße heute zur Erholung verkommen ist – darunter leidet die moderne Gesellschaft. Diese organisiert die Ablenkung von der Arbeit als Freizeitindustrie. Die Unfähigkeit zur Muße hat zur – für viele letztendlich ausbrennenden

– Rastlosigkeit geführt. Freizeit, wenn denn freie Zeit noch übrig bleibt, ist ebenso wie Arbeit zum Stress geworden. Daher eignet sich Freizeit auch nicht als Gegenbegriff zur Arbeit. Wir müssen – ganz im klassischen Sinne – bei der *Grundunterscheidung* Arbeit/Muße bleiben oder sogar richtiger bei *Muße/Arbeit.*

Muße ist bei Pieper ein Mit-sich-und-der-Welt-eins-Sein, ein „Zustand der Seele", eine „Haltung des empfangenden Vernehmens" (2007, S. 86). Muße kann nicht organisiert werden, sie ist kein Mittel im rationalistischen Zweck-Mittel-Geschäft. Sie ist erstens ein Geschehen-Lassen, zweitens eine Haltung feiernder Betrachtung, die dann drittens dazu führt, dass der Mensch Mensch bleibt bzw. es vollumfänglich erst wird. Muße ist „der Hegeraum wahrhaften, ungeschmälerten Menschentums" (2007, S. 95). Sie ist fundiert im Kult als „Fest-Zeitraum" (Pieper 2007, S. 118), jenseits und unabhängig von Arbeit, die der moderne Kult geworden ist. Damit ist Muße die Voraussetzung von Kultur – die hier im engen Sinne des Wortes die geistig-ästhetischen Hervorbringungen einer Gesellschaft bezeichnet. „Pflege des Geistes", heißt sie bei Seneca (2010, S. 114). Als cultura animi (Cicero), der Beackerung der Seele, wie Negt übersetzt (1984, S. 147) ist Kultur, die wesentlich aus der Muße geboren wird, existenziell für ein menschliches Leben in einer freien und gerechten Gesellschaft.

Auch neuere Literatur zur Muße geht von diesen klassischen Gedanken aus. „Zur Ruhe und Schönheit, zu sich selbst als Ausdruck der idealen Humanität finde der Mensch aber nur jenseits der Arbeit, in der Zeit der Muße" (Straub 2004, S. 12). Muße ist bei Straub schöpferische Kontemplation unter der Grundbedingung sittlicher Freiheit und in Verantwortung für die Welt, Anschauung der Wahrheit in einer diskursiven Öffentlichkeit unter Gleichen jenseits des Zweckmäßigen. „Ohne Muße kommt es zu keinen Erkenntnissen, ohne beider Hilfe gibt es keine Erfindungen" (Straub 2004, S. 66). Muße hat also im gewissen Sinne durchaus einen Nutzen, aber keinen der zweckmäßig rational geplant werden kann. Eine Gesellschaft braucht Arbeit zur Sicherung ihrer materiellen Produktion und Reproduktion. Aber sie braucht eben auch Muße zu ihrer moralisch-geistigen und ihrer kulturellen Entwicklung.

Im Sinnkorridor der Erwerbsgesellschaft erscheint Muße als Faulheit, in der Vorstellungswelt der Antike als *die* im eigentlichen Sinne *menschliche* Lebensform. Sie beruht auf einem Zustand der inneren Gelöstheit, führt zu einer Tätigkeit wacher Kontemplation und realisiert damit ein ungeschmälertes Menschsein in einer humanen Gesellschaft. Muße lässt sich zusammenfassend begreifen als eine sehr besondere Form der Tätigkeit, die man paradox als *aktive Passivität* oder *passive Aktivität* beschreiben könnte. Wenn wir Muße analog zu Luhmanns Definition von Kommunikation als dreifache Selektion von Information, Mitteilung und Verstehen systemtheoretisch handhabbar machen wollen, müssten wir die drei Selektionen *Loslassen/Empfangen/Bildung* unterscheiden, wobei Bildung – durchaus im klassischen Sinne – als Einheit von Wissen und Können, sinnlich-ästhetischer Persönlichkeitsentwicklung und sozialer bzw. gesellschaftlicher Integration verstanden wird.

Um Muße soziologisch aufbauend auf den sie konstituierenden drei Selektionen weiter zu definieren, wollen wir sie dieses Kapitel abschließend noch unter sachlichen, zeitlichen und sozialen Aspekten näher beschreiben:

- *Sachlich* besteht Muße in einem „kontemplativen Versenken in die Gegenstände, mit interesselosem Wohlgefallen, das uns die Welt und uns selbst in neuem Licht erscheinen lässt" (Zirfas 2007, S. 146). Ohne an einen bestimmten Gegenstandsbezug fixiert zu sein, erscheint die Welt und der eigene Platz darin als Vorstellung. Im ästhetischen, d. h. wahrnehmenden, Sich-Versenken geht die Welt gewissermaßen im Subjekt auf. Der mußende Mensch öffnet sich für den Einfall, für das erschauende Erkennen.
- *Zeitlich* ist Muße durch Freiheit von Druck und Zwang, Hektik und Stress bzw. positiv formuliert durch Zeitsouveränität gekennzeichnet. Jenseits von Langeweile oder Ungeduld lösen sich Vergangenheit und Zukunft in einem Augenblick der zeitlosen Gegenwärtigkeit, in einer hellen Präsenz auf – dem flow-Erlebnis vergleichbar (Csikszentmihalyi 1999). Wir haben es mit der Paradoxie einer zeitlosen Ewigkeit im Augenblick zu tun.
- *Sozial* gesehen ist Muße kein antigemeinschaftliches Geschehen, selbst wenn sie in Abwesenheit anderer stattfindet. Das mußende Bei-sich-selbst-Sein kann ebenso in Gemeinschaft ausgeübt werden, allerdings nur in einer, die strategische Interessen ausschließt und sich einer „idealen Sprechsituation" eines »herrschaftsfreiem« Diskurs öffnet (Habermas 1976) und sich einem gemeinsamen flow überlässt. In gewisser Weise ist sogar das soziale Aufgehobensein eines Individuums in einer Gemeinschaft eine Voraussetzung von Muße. Deshalb bezeichnet Göhlich (2007, S. 42) das „Mußen" als eine friedvolle, gemeinschaftliche soziale Praxis, die keinem Nutzen außerhalb ihrer selbst dient.

Aristoteles (1995b, S. 284 f., 1337b) hatte die Frage gestellt, mit welcher Art *Tätigkeit* man die Muße auszufüllen hat. Wenn wir dieser Frage folgen, um Mußetätigkeit näher zu bestimmen, dann können wir die Struktur und Form dieser spezifischen Tätigkeit folgendermaßen charakterisieren: Zunächst bedarf es freier Zeit, dann eines Ortes jenseits alltäglicher Notwendigkeiten und Aufdringlichkeiten. Die Tätigkeit selbst wurde als selbstzweckhaft bestimmt. Diese Bestimmung ist allerdings nicht hinreichend, denn auch das »Totschlagen« von Zeit, mit der man nichts anzufangen weiß, hat keinen ihr äußerlichen Zweck; man leidet geradezu in einem solchen Zustand unter der Zwecklosigkeit. Die Selbstzweckhaftigkeit muss daher eine positive sein. Wir kommen damit zur Frage der Qualität der Tätigkeit.

Eine Qualität hatten wir schon genannt, sie spiegelte sich in der paradoxen Formulierung einer passiven Aktivität bzw. einer aktiven Passivität. Die Qualität, um die es hierbei geht, ist also eine des Loslassens und des Zulassens, der Bereitschaft des Empfangens. Muße hat eine Qualität der positiven Gestimmtheit, der Zustimmung zur Welt und zum eigenen In-der-Welt-Sein. Hier geht es um eine Art grundsätzlicher oder prinzipieller Zustimmung, die Kritik an bestimmten Zuständen durchaus implizieren kann. Aber auch dann, wenn diese Bestimmungen der Tätigkeit gegeben sind, ist nicht sicher, dass Muße eintritt, denn man kann Muße nicht machen, sie muss sich ereignen. Darauf allerdings kann man vorbereitet sein. Muße ist also – systemtheoretisch gesprochen – eine bestimmte Kombination von Handeln und Erleben. Muße ist ein aktiver ästhetischer, d. h. wahrnehmender, Zustand. Das *Handeln* ist ein entspanntes Loslassen, ein Warten – nicht in seiner heutigen Bedeutung des Verbringen-Müssens von nutzloser, unproduktiver Zeit, sondern in seiner ursprünglichen Bedeutung von hüten, bewohnen, Ausschau halten, Kommendem entgegensehen, pflegen (Duden 2001, S. 915). Nietzsche (1980, S. 409) nannte dies die „‚Windstille‘ der Seele“, die nicht immer angenehm ist, aber kreative Prozesse im Sinne einer Inkubationszeit initiieren kann. Diese kreativen Prozesse stellen sich dann – möglicherweise – im *Erleben* ein, das einem Beschenktwerden mit Erkenntnis gleichkommt. Wenn Muße sich ereignet, dann ist sie Be-Geisterung!

Sowohl die drei konstitutiven Selektionen wie auch die sachlichen, zeitlichen und sozialen Aspekte der Muße und die Bestimmung der Mußetätigkeit als einem ästhetischen Zustand wirken fremd in der rastlosen Erwerbsgesellschaft – ein zuverlässiger Hinweis auf Entfremdung. Wie anstelle der schlechten Alternative Muße oder Arbeit ein Zusammenspiel beider bei gegenseitigem Respekt vor den Grenzen zu denken und zu realisieren wäre, ohne eine Antwort darauf dürfte ein ungeschmälertes Menschsein in einer humanen Gesellschaft Utopie bleiben. Wie gute Arbeit auf der einen Seite und Mußefähigkeit auf der anderen zu entwickeln wären, werden wir im 4. Kapitel weiter ausführen.

3

Was er arbeitet, ist seit dem 19. Jahrhundert in Industrieländern die erste Frage an einen männlichen Erwachsenen; was *sie* arbeitet, wird bis heute nicht mit derselben Selbstverständlichkeit gefragt. Wo es ihr in die kapitalistischen Karten spielt, hat die Moderne wenig Hemmungen, das patriarchalische Erbe anzutreten. Arbeit hat seit der Industrialisierung gesellschaftlich und individuell eine so überragende Bedeutung, dass sie unter uferlos vielen Hinsichten betrachtet und beschrieben werden kann. Es wird nicht noch einmal 200 Jahre, nicht einmal mehr 100 Jahre dauern, bis die Arbeit ihre beherrschende Stellung wieder verloren hat.

Glanz und Elend der industriellen Moderne hängen mit der Befreiung der Wirtschaft aus den feudalen Besitzverhältnissen direkt zusammen. Der große Konflikt, der als soziale Frage Geschichte macht, entspringt daraus, dass eine individuelle Arbeitsleistung identifiziert wird, die zur Basis der eigenständigen sozialen Existenz erkoren und gleichzeitig ökonomischer Rationalität untergeordnet wird. Soziale Aufwertung und ökonomische Unterwerfung der Arbeitsleistung führen zu höchst widersprüchlichen Anforderungen. Gewerkschaft und Sozialstaat sind Reaktionen darauf.

Um die moderne Form der Arbeit Wirklichkeit werden zu lassen, bedurfte es tiefgreifender sozialer Transformationen, die sehr allgemein als Abkehr von der gemeinschaftlichen Gesellschaft charakterisiert (Tönnies 1979) und in den Selbstbeschreibungen der Moderne vorrangig mit dem Begriff der Befreiung bezeichnet werden. Die Individualisierung gehört dabei zu den herausragenden Strukturmerkmalen, sie umfasst auch die (in der Vormoderne unvorstellbare) gesellschaftliche Unterscheidung zwischen Subjekt und Arbeitskraft, die organisatorisch als Differenz von Person und Stelle zur Geltung kommt. Zu ihren Folgen gehört die fun-

© Springer Fachmedien Wiesbaden 2015
H.-J. Arlt, R. Zech, *Arbeit und Muße,* essentials,
DOI 10.1007/978-3-658-08900-9_3

damentale Umkehrung von Versorgung und sozialer Zugehörigkeit. Angehörige vormoderner Gemeinschaften wurden versorgt, weil sie – in welch untertänigem Status auch immer – dazugehörten; die zu erbringende Arbeitsleistung war eine Nebenwirkung ihres Standes und untrennbar mit dem Subjekt verbunden. In der modernen Gesellschaft wird man anerkannt, weil und sofern man sich selbst versorgen kann; der soziale Status ist eine Nebenwirkung der Stelle im Leistungsprozess der Arbeit und nimmt die Form der Karriere an, ist also veränderbar und gestaltbar. Erwartet wird Selbstversorgung und wo sie scheitert, entsteht ein Problem, dessen Deutung (persönliches Versagen, soziale Benachteiligung?) und dessen Lösung (private Wohltätigkeit, Sozialstaatlichkeit?) umstritten sind.

Die Tragödie der Geburt der Moderne besteht darin, dass weite Teile der Bevölkerung aus der hauswirtschaftlichen Subsistenz feudaler Bindungen vertrieben wurden, aber zunächst kaum Chancen hatten, eine Arbeitsleistung zu erbringen, die ihnen im Gegenzug den Erwerb von ausreichenden Versorgungsgütern erlaubte. Kaum etwas beschäftigte das sich industrialisierende Europa des 18. und beginnenden 19. Jahrhunderts mehr als die Armut. „Die Armen von London. Ein Kompendium der Lebensbedingungen und Einkünfte derjenigen, die arbeiten wollen, derjenigen, die nicht arbeiten können, und derjenigen, die nicht arbeiten wollen" (Mayhew 1996) lautet der bezeichnende Titel einer der vielen zeitgenössischen Beschreibungen der „Lage der arbeitenden Klassen in England" (Engels 1972). Das ist Geschichte, aber nicht nur – weil sich die Strukturfragen nicht erledigt haben und im Grunde immer noch über dieselben Antworten gestritten wird. Daniel Defoe, berühmt als Autor von Robinson Crusoe, ist weniger bekannt als Verfasser der 1704 publizierten Schrift „Almosen sind keine Wohltat, und die Beschäftigung der Armen ist ein Übelstand der Nation". Defoe argumentiert in dieser Schrift von vorgestern wie viele Leitartikel noch heute, „daß die Armen, wenn sie Unterstützung erhielten, nicht für Löhne arbeiten würden, und dass sie, wenn man sie zum Zwecke der Güterproduktion in öffentliche Institutionen steckte, bloß mehr Arbeitslosigkeit in den privaten Manufakturen bewirken würden" (zit. n. Polanyi 1978, S. 154).

Zum Triumphzug der Moderne gehört die Leistungsexplosion der Arbeit, die Erzeugnisse, Waren und Dienstleistungen, in einer Menge und Vielfalt hervorbringt, die als „Wohlstand der Nationen" (Smith 2009) gefeiert wird. Die Dynamik der Ökonomie ist kein isoliertes Phänomen. Die funktionale Differenzierung (Luhmann 2005, S. 237 ff.), die als Befreiung, als Freiheit der Wirtschaft, der Wissenschaft, der Kunst, der Öffentlichkeit etc., und als Fortschritt gleichermaßen erlebt wird, führt auch in anderen gesellschaftlichen Bereichen zu einer Steigerungslogik, nicht zuletzt im Sport. Was macht die funktionale Differenzierung und in ihrem Gefolge die Befreiung der Wirtschaft, meist als Befreiung der Marktkräfte beschrieben und gefordert, aus der Arbeit? Buchstabieren wir die drei Komponenten der Arbeit unter modernen Bedingungen durch.

Bedarf Auffällig ist das moderne Doppelgesicht des Bedarfs, das auf der einen Seite nackte Notwendigkeit und auf der anderen grenzenlose Fülle zeigt. Einerseits herrscht für die meisten Menschen ein zwanghafter, auf Subsistenzproblemen basierender Bedarf selbst dort, wo Waren und Dienstleistungen in einer historisch nie dagewesenen Menge und Qualität vorhanden sind. Da der Zugang zu Subsistenzmitteln jetzt mit einer Bezahlschranke versehen ist, lautet das erste Gebot Zahlungsfähigkeit. Die Notwendigkeit, Arbeitsleistungen zu erbringen, ist für alle, die nicht über ein großes Geldvermögen verfügen, strikt daran gekoppelt, ihre Zahlungsfähigkeit laufend erneuern zu müssen. Die reichsten Gesellschaften der überschaubaren Menschheitsgeschichte halten die Mehrheit ihrer Bevölkerung in einem Dauerzustand unfreiwilligen Bedarfs. Diese Situation wird noch verschärft durch das Selbstbild der Moderne, in dem die Eigenverantwortung jedes Einzelnen betont wird, für die Bedarfsbefriedigung alleine zuständig zu sein, obwohl die tief differenzierte Arbeitsteilung vielfältige Abhängigkeiten schafft und das ständige Angewiesensein auf andere den Alltag beherrscht. Lebensmittel, Kleidung, Mobiliar, Verkehrswege, Wohnungen, Informations- und Unterhaltungsmedien, Bildungsmaterialien, Gesundheitsdienste – alles hat der Einzelne nur deshalb zur Verfügung, weil und soweit er Zugang zu den Arbeitsleistungen anderer Leute hat.

Andererseits hat die Verwandlung des Bedarfs in Geldbedarf zur Folge, dass keine sinnvolle Obergrenze bestimmt werden kann. Untergrenzen werden vom Sozialstaat festgelegt, der beispielsweise in Deutschland einen sogenannten Warenkorb mit dem nötigsten Bedarf definiert. Nach oben kann nur gelten, je mehr desto besser, weil für Geld als den generellen Gegenwert alles zu bekommen ist, was einen Preis hat.

Für jeden, der die individuelle Arbeitsleistung als einzige Geldquelle hat, ist es unter beiden Gesichtspunkten schwer, mit dem Arbeiten aufzuhören. Entweder muss er weiter arbeiten, weil sonst seine Zahlungsfähigkeit gefährdet ist, oder er will weiter arbeiten, weil er sich mehr leisten möchte. Tätigkeiten, die nicht als Erwerbsarbeit ausgeübt werden, und erst recht die Muße erscheinen unter diesen Bedingungen entweder als unverantwortlich, weil die Sorge um die Zahlungsfähigkeit vernachlässigt wird, oder als Luxus, weil die Möglichkeiten sich finanziell zu verbessern, nicht genutzt werden. Die Kopplung von individueller Arbeitsleistung und Geldbedarf trägt zur modernen Inflation der Arbeit entscheidend bei. Die Stabilität der Arbeitsgesellschaft ist nur zu verstehen, wenn man einsieht, dass die Transformation möglichst jeder Tätigkeit in Arbeit auch aus der Perspektive der von ihrer Arbeitsleistung abhängigen Individuen Sinn macht.

Leistung Die Leistung der Arbeit, ihre Organisation, ihre Technik und ihr Erzeugnis, orientiert sich nun aber gerade nicht an irgendeinem individuellen Bedarf, sondern an der Zwecksetzung der Organisation. Gebräuchlich ist die Unterscheidung zwischen Profit- und Nonprofit-Organisationen, an die wir uns halten wollen, allerdings nicht ohne die Gemeinsamkeit moderner Organisationen zu betonen: Ihre Existenzfähigkeit ist genau wie die der Personen an Zahlungsfähigkeit gebunden. Auch Stiftungen, Wohlfahrtsverbände, Kirchen, Vereine und Gewerkschaften sind an das Wirtschaftssystem insoweit angebunden, wie ihre Tätigkeiten auf Zahlungen angewiesen sind. Nicht wenige Ungereimtheiten und Zwiespältigkeiten der Tätigkeiten von Nonprofit-Organisationen resultieren daraus, dass sie einerseits der Logik einer Arbeitsleistung und andererseits der Logik von Tätigkeiten mit selbst gesetzten Zwecken folgen.

Signifikant und dominant an der modernen Arbeitsleistung ist ihre Instrumentalisierung in und für Profit-Organisationen, die auch als Wirtschaftsorganisationen oder als Unternehmen bezeichnet werden. Um beschreiben zu können, was mit der Arbeitsleistung in einem Unternehmen passiert, dürfen wir die (oben beschriebene) soziale Funktion der Arbeitsleistung für die Individuen nicht vergessen, haben aber vorrangig in Rechnung zu stellen: Die Wirtschaft hat sich auf der Basis ihres Erfolgsmediums Geld als System etabliert und gehorcht ihrem Eigensinn, der auf einen einzigen Unterschied fixiert ist, nämlich Zahlung oder Nicht-Zahlung. Das Entscheidungskriterium dafür, ob gezahlt wird oder nicht, ist ökonomisch gesehen das Mehr. Der Arbeitsprozess geschieht als Wirtschaftsprozess, wenn er auf das Mehr abzielt, das nicht zur gegenwärtigen Bedarfsbefriedigung verzehrt wird, hatten wir (in Kaptel 2.1 „Arbeit: Bedarf, Leistung und Gebrauch“) festgehalten. Das Mehr erwächst aus der Differenz von Einnahmen und Ausgaben. Die Ausgaben, die Kosten entstehen im Prozess der Arbeitsleistung, die Einnahmen resultieren aus den Zahlungen, die für den Gebrauch getätigt werden. Von Kapitalismus sprechen wir, wenn es für die Entscheidungen, ob und wie gearbeitet wird, das ausschlaggebende Kriterium ist, dass ein (möglichst hoher) Gewinn, also ein deutliches Plus an Einnahmen im Vergleich zu den Ausgaben erwartet werden kann. In den Selbstbeschreibungen der Wirtschaft wie auch in den Wirtschaftsteilen der Massenmedien führt diese Beobachtungsperspektive nicht selten zum Ausblenden der konkreten Arbeitstätigkeiten und deren praktische Bedingungen. Es interessiert einzig, was sich wie und warum (nicht) rechnet.

Weil es auf die Differenz ankommt, tun ökonomisch alle Kosten weh, denn sie schmälern das mögliche Plus. Weshalb sind die Arbeitskosten besonders schmerzhaft? Mit der Zahlung für Arbeitskräfte entsteht für den Unternehmer anders als beim Kauf von Immobilien, Maschinen, Rohstoffen kein Eigentum, sondern nur Besitz, denn die Arbeitskraft bleibt Eigentum der Person. Der Unternehmer muss für etwas Geld ausgeben, das sich für ihn nicht in Vermögen verwandelt, mithin seine Zahlungsfähigkeit verschlechtert. Erst wenn es ihm gelingt, das Erzeugnis der Arbeitsleistung zu verkaufen, vermehrt er sein Eigentum. „Da der Unternehmer die im Lohnkontrakt vereinbarte Geldschuld unabhängig davon zahlen muss, dass ein Dritter seine Waren in einem Kaufvertrag für Geld erwirbt, ist er permanent gezwungen, seine Aussichten auf das Einwerben von Kaufkontrakten auf dem Markt zu verbessern" (Heinsohn und Steiger 2006, S. 178).

Für die Personen, die ihre Arbeitskraft zum Kauf anbieten, bedeutet das: Sie haben es mit einem Vertragspartner zu tun, der, sofern er sich wirtschaftlich rational verhält, alles daran setzt, erstens so wenig Arbeitskraft wie möglich zu kaufen – dabei unterstützt ihn die technische Rationalisierung, die es erlaubt, Arbeitsplätze abzuschaffen. Zweitens will er für den vorübergehenden Besitz der Arbeitskraft so wenig wie möglich bezahlen, weshalb Löhne und Gehälter aus Arbeitgeberperspektive prinzipiell zu hoch sind. Drittens versucht er, die Zeitspanne des Besitzes möglichst optimal auszunutzen, etwa durch verbesserte Organisation des Arbeitsprozesses, durch Verlängerung und Flexibilisierung der Arbeitszeiten, durch Intensivierung der Arbeitsleistung und durch Motivationsimpulse. Damit sind alle bekannten Konflikte der Arbeitswelt zwischen Kapital und Arbeit programmiert.

Die Dimensionen der sich widersprechenden Erwartungen treten in vollem Umfang hervor, vergegenwärtigt man sich, dass die Arbeitsleistung für die Einzelnen nicht nur als Mittel der sozialen Existenzsicherung und der persönlichen Karriere dient. Da das Arbeiten für moderne Individuen praktisch den Rang der einzigen sinnvollen Tätigkeit einnimmt, wird vom Arbeiten auch aller Sinn erwartet, den Menschen als tätige Wesen in ihrem Tun sehen können. Diese Aufwertung gipfelt in den Vorstellungen der Selbstverwirklichung und der Erfüllung des Lebenssinns durch Arbeiten. Die Arbeitsleistung wird – und der real nicht mehr existierende Sozialismus war hier Spitze – gesellschaftspolitisch überhöht und heroisiert. Die volle Dröhnung Sinn, mit der das Arbeiten aufgeladen wird, dient im gesellschaftspolitischen Diskurs zugleich als moralischer Schutzwall gegen exzessive Zumutungen wirtschaftlicher Instrumentalisierung.

Gebrauch Die zeitliche und soziale Trennung des Gebrauchs von der Arbeitsleistung führt spätestens auf nationalen, erst recht auf globalen Märkten dazu, dass die Leistungen für im Prinzip unbekannte Konsumenten erbracht werden. Das gilt uneingeschränkt für Produkte – für personennahe Dienstleistungen entsteht eine andere Situation. Damit sich die Funktion der Arbeit erfüllt und der ökonomische Selbstzweck realisiert, aus investiertem Geld mehr Geld zu machen, sind zahlende Kunden unabdingbar. Die Beobachtung des Marktes, zu welchem Preis welches Erzeugnis zahlungsbereite Nachfrage findet, wird neben der Organisation des Leistungsprozesses zur wichtigen unternehmerischen Aufgabe. Marktforschung, Marketing und Werbung bekommen einen überragenden Stellenwert. In der öffentlichen Kommunikation der Gesellschaft, die in der feudalen Vormoderne weitgehend von adliger und religiöser Repräsentation dominiert war, nehmen jetzt Werbung und Öffentlichkeitsarbeit der Unternehmen breitesten Raum ein. Mode und geplante Obsoleszenz, also die beabsichtigte Verkürzung der Brauchbarkeit von Erzeugnissen, werden wichtig, um neue Nachfrage zu wecken.

Zum unternehmerischen Risiko gehört, dass in der Regel nicht nur die kostspieligen Voraussetzungen für den Leistungsprozess getroffen, sondern auch die Leistungen selbst erbracht sein müssen, bevor die Entscheidung darüber fällt, ob sie tatsächlich zum vorgestellten Preis nachgefragt werden. Die Summe aus mangelnder Nachfrage und technischen Rationalisierungseffekten macht Arbeitslosigkeit wahrscheinlich.

Auf der Gebrauchsseite entscheidet sich auch, welche Arbeitsleistungen überhaupt kapitalistisch organisierbar sind. Erzeugnisse, deren Gebrauch nicht oder nur mit hohem Kontrollaufwand individuell zugerechnet werden kann, eignen sich wegen der schwierigen Zahlungsmodalitäten wenig. Das klassische Fall sind Infrastrukturmaßnahmen. Typisch für kapitalistisch dominierte Arbeit ist es, dass sie erstens auf Bedarf, der nicht zahlungsfähig ist, nicht reagiert, wie viel Hunger und Elend auch immer herrschen mögen, und dass sie zweitens dazu neigt, die gesellschaftliche Infrastruktur marodieren zu lassen, weil sich Kollektivgüter gegen die Form des Privateigentums sperren.

Unverkennbar ist das Bestreben der Wirtschaft, immer mehr Tätigkeiten arbeitsförmig und auch möglichst kapitalistisch zu organisieren, wie sich wiederholende Privatisierungswellen zeigen. Nicht nur mehr zu verkaufen, sondern auch mehr käuflich zu machen, gehört zu den Ambitionen des Kapitals. Der finanzielle Druck, der die Individuen Arbeitsplätze suchen lässt, und das unternehmerische Verlangen, möglichst viele Tätigkeiten zu ökonomisieren, treiben in dieselbe Richtung, die einen rufen nach mehr Arbeit, die anderen nach mehr Geld. Beide sind gefangen in den Wiederholungszwängen ihres Ineinander-Verstricktseins. Aus der Wirtschaftsperspektive kann beides sinnvoll sein, Arbeitsplätze zu schaffen genau so wie Arbeitsplätze abzubauen.

Hatten Taylorismus und Fordismus die Zurichtung der Bewegungen des menschlichen Körpers für die möglichst kostengünstige Produktion zum Ziel, so hat die Biopolitik der Arbeit unter anderem die Intention, menschliches Leben selbst so zu modellieren (Hardt und Negri 2002), dass es für die Arbeitsleistungen optimiert wird. Zu den jüngeren Ideen gehört das Social Freezing: Damit der Babywunsch nicht zur falschen Zeit in die Quere kommt und die Arbeitsleistung beeinträchtigt, bezahlen *Apple* und *Facebook* ihren Mitarbeiterinnen das Einfrieren von

Eizellen. Wie in vielen anderen Fällen lässt sich die Anpassung der Menschen an die Effektivitätserwartungen der Ökonomie immer auch als Chance für individuelle Karrieren deuten und kommunizieren. In der Summe erwächst daraus der Mechanismus, dass morgen als normal erscheint, was heute noch als Zumutung erlebt wird. Plötzlich gilt als Mainstream, dass verkehrt lebt, wer sich dagegen wehrt. Zurichtungen und Engführungen einer durchökonomisierten Arbeit aufzubrechen und für Gegenperspektiven zu öffnen, das ist die Aufgabe des abschließenden Kapitels.

Arbeit und Muße jenseits des Kapitalismus 4

Jede Gesellschaft bettet ihre spezifische Form des Wirtschaftens in eine umfassende Weltsicht ein, in ein kosmologisches Narrativ, und legitimiert sie so. Der Kapitalismus hat das Eigentumsdenken als Legitimationsgrundlage. Dieses ist durchaus nicht natürlich, gewissermaßen dem Menschen an und für sich entsprechend. Noch Rousseau (1990, S. 173) hatte gewettert: „Der erste, der ein Stück Land eingezäunt hatte und dreist sagte: ‚Das ist mein' und so einfältige Leute fand, die das glaubten, wurde zum wahren Gründer der bürgerlichen Gesellschaft. Wie viele Verbrechen, Kriege, Morde, Leiden und Schrecken würde einer dem Menschengeschlecht erspart haben, hätte er die Pfähle herausgerissen oder den Graben zugeschüttet und seinesgleichen zugerufen: ‚Hört ja nicht auf diesen Betrüger. Ihr seid alle verloren, wenn ihr vergeßt, daß die Früchte allen gehören und die Erde keinem.'" Erst in der Folge von John Locke und Adam Smith erschien die Sozialform Eigentum als natürliche Eigenschaft des Menschen, als eine Naturform. In den Jahrtausenden davor war die sogenannte Allmende die vorherrschende Form des Besitzes. So wie Eigentum nicht schon immer als Basis des Wirtschaftens gegolten hatte, wird es nach dem Kapitalismus keine tragende Bedeutung mehr haben. Wichtiger als das Eigentum wird nach Riffkin (2000) dann der Zugang zu Nutzungsmöglichkeiten.

Rifkin (2014) konstatiert als Folge der Digitalisierung einen Paradigmenwechsel vom Marktkapitalismus zur kollaborativen Gemeinwirtschaft, der zu einem grundsätzlichen Wandel in der Organisation der Arbeit führt. In der Ökonomie des anbrechenden kollaborativen Zeitalters werden die lateral integrierten Netzwerke einer Gemeingutökonomie im Zentrum stehen (Rifkin 2014, S. 88). Nachdem der Kapitalismus fast alle sozialen Beziehungen ökonomisiert hat, sieht Riffkin nun eine Gegenbewegung einsetzen. Neue Technologien – wie das Internet und

© Springer Fachmedien Wiesbaden 2015
H.-J. Arlt, R. Zech, *Arbeit und Muße,* essentials,
DOI 10.1007/978-3-658-08900-9_4

das sich entwickelnde Internet der Dinge, 3-D-Druck, Produktionen, die sich den Null-Grenzkosten nähern, etc. – senken die Kosten für Güter und Dienstleistungen so sehr, dass alle Bestrebungen, via Eigentum Knappheit zu erzeugen, widersinnig werden. Diese Produktivität wird die Notwendigkeit zu arbeiten deutlich reduzieren und zu einer technologischen Arbeitslosigkeit führen, weil menschliche Arbeitskraft immer weniger gebraucht wird. Die Bezahlung von Arbeitskraft war schon immer ein Kostenblock, den die Unternehmen versuchten so gering wie möglich zu halten. Durch die Nutzung des Internets wird sich Produktivität tendenziell weiter von Beschäftigung entkoppeln. Die vernetzte Welt wird neue Organisationsformen des Wirtschaftens, neue Geschäftsprozesse und neue Arbeitspraktiken hervorbringen. Sharing-Ökonomien, die Ausbreitung des gemeinwirtschaftlichen Non-Profit-Sektors unterstützen diese langsame Ablösung des kapitalistischen Paradigmas. Was anfänglich ein Problem darstellt, weil unsere derzeitigen Versorgungssysteme darauf nicht eingestellt sind, wird langfristig ein großer Segen, weil „der Mensch, von Plackerei und Härten befreit, sein Geist von der Konzentration auf rein pekuniäre Interessen erlöst, sich mehr auf die »Künste des Lebens« und die Suche nach der Transzendenz konzentrieren kann" (Rifkin 2014, S. 16). Eine neue Chance für die Muße?

Rifkin geht davon aus, „dass bis Mitte des Jahrtausends, wenn nicht früher, eine Mehrheit der arbeitenden Weltbevölkerung im Non-Profit-Sektor in den kollaborativen Commons tätig sein wird." (Rifkin 2014, S. 343) Der sich andeutende Umstieg des Wirtschaftslebens vom Finanzkapital auf Sozialkapital mit dem gemeinsamen Konsum von Gütern und Dienstleistungen begünstigt langfristig ein Umdenken bei der Bewertung wirtschaftlicher Leistung (Rifkin 2014, S. 35). Schon lange schlägt Sen (1993) vor, die Bewertung der Leistung von Gesellschaften von ökonomischen Indikatoren – wie dem Bruttoinlandsprodukt – auf Lebensqualitätsindikatoren umzustellen. Sein Ansatz des Capability Approach geht von Verwirklichungschancen aus. Damit meint er einerseits die Entwicklung individueller Fähigkeiten und andererseits die Bereitstellung gesellschaftlich-struktureller Möglichkeiten, die es den Menschen, unabhängig von ihrer unterschiedlichen Herkunft und Ausstattung erlauben, ein für sie lebenswertes Leben zu führen. Gerechtigkeit bedeutet für ihn nicht, dass alle gleich behandelt werden, sondern dass die strukturellen gesellschaftlichen Möglichkeiten zu den Kompetenzen und Einschränkungen individuellen Lebens passen. Wer z. B. mit körperlichen und geistigen Einschränkungen zu leben gezwungen ist, braucht andere und mehr gesellschaftliche Unterstützungsmechanismen. Nussbaum (2012, S. 57 f.) zählt zu den individuellen Fähigkeiten, die ein gelingendes gutes Leben ermöglichen,u. a. die Fähigkeit, „sich eine Vorstellung vom Guten zu machen und kritisch über die eigene Lebensplanung nachzudenken", die Fähigkeit, dieses Leben auch in seiner ganzen Länge unter angemessenen Bedingungen führen zu können, die Fähigkeiten, seine fünf Sinne zu benutzen, Schmerz zu vermeiden und Bindungen zu anderen einzugehen etc. (Nussbaum 2012, S. 57 f.). Die Fähigkeit zur Muße müsste ihrem Katalog unbedingt hinzugefügt werden, der ja von ihr selbst auch als unabgeschlossen bezeichnet wird.

Wir haben bisher herausgearbeitet, dass die ursprüngliche andere Seite der Unterscheidung von Arbeit Muße war. Nach Aristoteles (1995b, S. 284 f., 1337b) geht es einerseits darum, in der rechten Weise zu arbeiten, um andererseits auch würdig der Muße pflegen zu können. Genau genommen müssen wir sogar die Reihenfolge drehen. Das, worum sich das Leben drehen sollte, war die tätige Muße der Selbstbildung. Die Arbeit war deren not-wendige andere Seite. Auf der Muße lag die Präferenz. Die Industriegesellschaft und der Kapitalismus haben ein solches ausgeglichenes und sich wechselseitig bedingendes Verhältnis nie gelten lassen, stattdessen die Arbeit präferiert, die Muße als Faulheit diskreditiert und sie durch Freizeit ersetzt, die vor allem der Reproduktion der Arbeitskraft dient, aber keinen anderen eigenen Wert als den der Erholung, Unterhaltung und Zerstreuung hat. Selbst die große Fraunhofer-Studie zu „Arbeitswelten 4.0" (Spath 2012) ist diesbezüglich völlig fantasielos. Man geht nach wie vor davon aus, dass die Integration von Arbeit und Freizeit sich weiter verbreiten wird, und sieht dies nicht als Kolonialisierung privaten Lebens durch die Arbeit, sondern als Synergie eines »Corporate Life«, welches die Beschäftigten samt ihren Familien noch stärker an die Unternehmen bindet. Was hinter diesem als positiv bezeichneten Zukunftsszenario steht, bleibt zwar unausgesprochen, ist aber doch erkennbar: Um den Profit zu steigern, geht es um die Konditionierung der Beschäftigten zu loyalen, treu ergebenen und fügsamen Untergebenen, die ihrer zugewiesenen Aufgabe und den Zielen des Unternehmens dienen, ohne auf die Uhr zu schauen, die sogar ihre »Frei«-Zeit in den Dienst des Unternehmens stellen.

Versuchte die alte Arbeit den subjektiven Faktor zu kontrollieren und die Beschäftigten in ein Pflichtenkorsett des »Du musst!« einzuspannen, so besteht die moderne „Subjektivierung von Arbeit" (Moldaschl 2002) in einem anreizenden »Du darfst!« – allerdings mit einem versteckten »Du darfst nicht nicht wollen!«. Moderne Managementmethoden wollen den »ganzen Menschen« mit allen seinen Emotionen, Motivationen, Leidenschaften und Begeisterungen dem Arbeitsprozess zunutze machen. Alle subjektiven Kräfte sollen zwecks Effizienzsteigerung auf die Unternehmensziele gelenkt werden; »freiwillige« Selbst-Beherrschung soll äußere Herrschaft ersetzen. Dass dies der Persönlichkeitsentwicklung der Beschäftigten dienlich sein soll, ist Ideologie. „Gouvernementalität" nennt Foucault (2000) diese Lenkung von Personen, die schlicht darin besteht, Herrschaft zu internalisieren und damit unsichtbar zu machen.

Ohne Muße hat eine Gesellschaft keine Kultur im emphatischen Sinne – nur Kulturindustrie als Ablenkung und Zerstreuung. Wollen wir der Muße die gesellschaftliche Bedeutung verschaffen, die ihr zusteht, dann können wir deren andere Seite, die Arbeit, nicht unverändert lassen. „Einem guten menschlichen Leben muß die Dimension – müssen die Dimensionen – gelingender Arbeit offenstehen", schreibt Seel (1999, S. 142). Wir haben also zu fragen, wie die rechte Weise zu arbeiten, wie gelingende Arbeit aussehen könnte. Für das Reich der Freiheit, in dem die menschliche Entwicklung sich als Selbstzweck dient, ist – laut Marx (1976b, S. 828) – die Verkürzung des Arbeitstages die Grundbedingung. Die gewonnene Zeit ist für Marx (1974a, S. 599) „sowohl Mußezeit als Zeit für höhre Tätigkeit". Ein erster Schritt zur Befreiung vom alles beherrschenden Arbeitszwang ist ein bedingungsloses Grundeinkommen, nicht zu verstehen als Stilllegungsprämiere für überflüssige Arbeitskräfte, sondern als Befreiung von den größten Sorgen um die eigene Existenzsicherung (Vanderborght und Paris 2005; Arlt 2012).

Doch muss auch die Arbeit selbst verändert werden. *Befreiung von der Arbeit* und *Befreiung in der Arbeit* sind also zwei Seiten der gleichen Medaille, wenn die Voraussetzungen, die zur Muße befähigen, geschaffen werden sollen. Um gute Arbeit näher zu bestimmen, können wir uns an die drei Selektionen halten, die Arbeit kennzeichnen (vgl. Kapitel 2.1 „Arbeit: Bedarf, Leistung und Gebrauch"):

- Zunächst ist es erforderlich, Arbeit an den menschlich-gesellschaftlichen *Bedarf* zurückzubinden, statt sie im Hamsterrad einer wirtschaftlichen Steigerungslogik gefangen zu halten. Ein Bedarf, der sich über kollektive Grundgüter, ökologische Nachhaltigkeit und soziale Gerechtigkeit in Bezug auf individuelle Verwirklichungschancen ergibt, ist ein ganz anderer Bedarf, als der auf Wachstum und weitere Kapitalverwertungsmöglichkeiten abzielende. Die Wirtschaft muss dem Bedarf folgen und nicht – wie Luhmann kritisch feststellt (1974, S. 208) – der Bedarf der Wirtschaft. Ein solcher Pfadwechsel setzt eine demokratische gesellschaftliche Selbstverständigung voraus. Deren Verlaufsformen und Ergebnisse lassen sich nicht vorwegnehmen, angemahnt werden kann und muss, dass eine solche Verständigung nicht blockiert, sondern weiter vorangetrieben wird.
- Aus dem Bedarf einer guten und gerechten Gesellschaft ergeben sich die dafür erforderlichen *Leistungen*. Das sind andere Leistungen als die, die nur dazu führen, alles zu produzieren, was sich – forciert durch Marketing und Werbung – ohne Rücksicht auf die langfristigen Folgen verkaufen lässt. Solange die Arbeitsleistung primär als Kostenfaktor gedeutet und behandelt wird, können die Arbeitsbedingungen nur restriktiv und belastend sein. Demgegenüber gilt es anzuerkennen, dass auch Arbeitsleistungen menschliche Tätigkeiten sind, die –

bei aller Notwendigkeit, aus der sie entspringen – das körperliche, psychische und soziale Wohlergehen der Arbeitenden mit berücksichtigen müssen.

- Erst im *Gebrauch* realisiert sich der Sinn von Arbeit. Der Gebrauch muss an den wirklichen Bedarf gekoppelt bleiben, um nutzloses, überflüssiges oder sogar schädliches Konsumverhalten zu vermeiden. In einem solchen Gebrauch wird der Bedarf tatsächlich befriedigt, statt Konsumenten unbefriedigt zurückzulassen, um weitere Produkte absetzen zu können. Denn das große Problem der kapitalistischen Produktion besteht nicht darin, „Produzenten zu finden und ihre Kräfte zu verzehnfachen, sondern Konsumenten zu entdecken, ihren Appetit zu reizen und bei ihnen künstliche Bedürfnisse zu wecken" (Lafargue 1991, S. 35).

Zusammen mit einer Arbeit, die aus ihrer kapitalistischen Beherrschung befreit wäre, käme die Muße zu ihrem Recht und ihrer gesellschaftliche Bedeutung, nicht mehr als elitäres Privileg von wenigen, sondern als kollektive Lebensmöglichkeit für alle, das Humanum in der Form von Bildung und Kultur sowohl zu produzieren wie zu repräsentieren. Worin besteht nun die zu entwickelnde Mußefähigkeit im Einzelnen? Auch hier spielen die drei definitorischen Selektionen – Loslassen/ Empfangen/Bildung (vgl. Kapitel 2.2 „Muße: Loslassen, Empfangen, Bildung") – die entscheidende Rolle:

- Mit *Loslassen* ist ein Zustand gekennzeichnet, der sich frei von Zwängen und Fixierungen auf die selbstzweckhafte Beschäftigung mit geistigen Fragen des menschlichen In-der-Welt-Seins einlassen kann. „Der Mensch erkennt sich nur selbst, insofern er die Welt erkennt, die er nur in sich und sich nur in ihr gewahr wird" (Goethe 1909, S. 478). Zum „In-der-Welt-sein" gehört nach Heidegger (2001, S. 113 ff.) existenziell das „Mitdasein der Anderen". Ohne zwanghaft auf ein bestimmtes Ergebnis fokussiert zu sein, lässt sich der Mensch im kontemplativen Zustand der Muße auf die existenziellen Fragen des Menschseins ein. Da wir Muße bereits als paradoxe Form der aktiven Passivität bzw. passiven Aktivität kennengelernt haben, ist der Mußezustand durch eine hohe geistige Wachheit und damit durch eine Empfangsbereitschaft für Erkenntnis gekennzeichnet.
- Das *Empfangen* darf man sich nun nicht als eine Aktivität des Erarbeitens von Wissen vorstellen, sondern als eine Offenheit für eine Ideenschau (theoria). Nicht zufällig wird Idee im Deutschen auch mit dem Wort Einfall wiedergegeben. Und in der Tat trifft dieses Wort recht genau, was beim Empfangen passiert. Es geht darum, dass eine bestimmte Welt- und Selbsterkenntnis uns trifft, in uns einfällt. Der fruchtbare Moment in diesem Prozess „besteht oft gerade dort, wo man ihn nicht vermutet und auch nicht gesucht hat. Ein Zu-Fall, der na-

türlich nicht von ungefähr kommt und nicht voraussetzungslos produktiv wird"
(Kämpf-Jansen 2002, S. 128). Durch vorherige Beschäftigung, durchaus auch
mit theoretischer Anstrengung, ist gewissermaßen ein geistiges Netz gespannt,
in das Gedanken, Bilder, Begriffe dann im Zustand des Losgelassenhabens hin-
einfallen und hängen bleiben. Deshalb ist das Empfangen kein Erarbeiten, sondern eher ein Geschenk.

- Das Ergebnis dieses Prozesses haben wir als *Bildung* bezeichnet. Nicht gemeint
  ist hier die Folge schulischer Lernprozesse als mehr oder weniger direkte Berufsvorbereitung für den Arbeitsprozess. In unserer derzeitigen Verfasstheit von
  Schule ist Muße (scholé) ausgeschlossen. Durch Muße bildet sich der Mensch
  selbst. Was hier gebildet wird, nannten die Griechen Tugend (arete) – eine Haltung und eine Tätigkeit (ethos) –, welche die Voraussetzung für ein gelingendes Leben in einer gerechten Gesellschaft bildet. In dieser Weise geht es bei
  der Muße um die Bildung des Humanums sowohl in der je eigenen Person als
  auch in der des gemeinschaftlichen Zusammenlebens. „Wie der Bildhauer die
  Skulptur gestaltet, besteht Selbstbildung in dem Versuch, sich selbst zu formen,
  die eigenen Anlagen zu entwickeln und so ein gelingendes Leben zu führen"
  (Hastedt 2012, S. 7). In neuerer Zeit hat Gadamer (1990, S. 15 ff.) ein solches
  Bildungsverständnis reaktiviert. Orientiert an Herder und Hegel sieht er Bildung als Pflicht gegenüber sich selbst in der „Emporbildung zur Humanität" in
  einer gemeinschaftlichen Welt. Dafür ist Muße unerlässlich.

Muße zur Geltung zu bringen, heißt Arbeit zu verändern, haben wir gesagt. Wenn
sich Arbeit durch Digitalisierung, Peer-to-Peer-Commons, Sharing-Ökonomien
etc. aus der Herrschaft des Kapitals befreit, bedeutet das, dass das Kapital nicht
mehr über den Bedarf und den Gebrauch bestimmt, sondern dass es demokratische
gesellschaftliche Mechanismen und Verfahren zu installieren gilt, die das Was, das
Wozu und das Wieviel der Arbeit regulieren. Diese neue Arbeit wird sinnvolle und
nicht mehr stumpfsinnige Arbeit sein. Solange Unternehmen in der „Arbeitswelt
4.0" sogar auf die Persönlichkeiten und die Familien der Arbeitenden zugreifen
wollen, können subversive Verweigerungen gegenwärtiger Arbeitsanforderungen
ein probates Gegenmittel sein. Man könnte von einer Mikropolitik der Muße gegen
entfremdete Arbeit sprechen. Gegen die Kolonialisierung der gesamten Persönlich-
keit der Beschäftigten und die weitere Durchsetzung ihrer Freizeit mit Arbeit, wie
sie dem Zukunftsszenario von Fraunhofer vorschwebt, schlägt Maier (2005) den
Arbeitenden verdeckte Subversion vor. Sie rät den Beschäftigten, sich unauffällig
und unter Aufsagen der vom Unternehmen propagierten Phrasen so weitgehend,
wie es sich machen lässt, den geforderten Arbeitsleistungen zu entziehen. Sofern
die gewonnene Zeit und Energie der Muße zugute käme – wäre dies für viele, die
ohnehin nichts zu gewinnen haben, eine bedenkenswerte Strategie.

Befreiung von der Arbeit und Befreiung in der Arbeit lassen Zeit- und Spielräume jenseits der Arbeit entstehen, die allerdings neu gefüllt werden müssen, denn die Fähigkeit zur Muße wurde den Menschen enteignet. „In der kapitalistischen Gesellschaft ist die Arbeit die Ursache des geistigen Verkommens und der körperlichen Verunstaltung." Die kapitalistische Deformation von Arbeit ist „die schrecklichste Geißel [...], welche die Menschheit je getroffen" hat. (Lafargue 1991, S. 10, 26) Für die der Muße entwöhnten Menschen sind im Prinzip drei Reaktionsformen denkbar: A) Aus Fantasielosigkeit und Gewöhnung wird weitergearbeitet. B) Man überlässt sich der Zerstreuung der Kulturindustrie und ihrer ideologischen Verdummung. C) Die Menschen lernen wieder, sich in der Muße Bildung und Kultur schaffend zu rezentrieren. Was für die Fähigkeiten der Individuen gilt, betrifft auch die Gesellschaft als Ganze. Auch hier entscheidet sich, ob A) im klassischen Paradigma der Arbeitsgesellschaft weiter an der Zerstörung des Planeten gearbeitet wird, B) die technologische Arbeitslosigkeit zu einer Spaltung der Gesellschaft führt, in der einige viel zu viel arbeiten und viele ausgegrenzt, als unbrauchbar an den Rand der Gesellschaft gedrängt werden, oder es C) zu einem Paradigmenwechsel von der Arbeits- zu einer Mußegesellschaft kommt, wie Dischner (2012, S. 10) es sich bereits abzeichnen sieht.

Es gilt, die Emanzipationsmöglichkeiten zu nutzen, die aus der sich verändernden Arbeit entstehen. Dass Mußefähigkeit der „Erziehung der Kinder und der übrigen der Erziehung noch bedürftigen Lebensalter" bedarf und es sogar die Aufgabe des Staates ist, diese zu fördern, war für Aristoteles selbstverständlich (1995b, S. 271 ff., 1334a): „So leuchtet denn ein, daß man auch für den würdigen Genuß der Muße erzogen werden und manches lernen muß, und daß diese Seite der Erziehung und des Unterrichts ihrer selbst wegen da ist, während das, was für die Arbeit gelernt wird, der Notdurft dient und Mittel zum Zweck ist" (Aristoteles 1995b, S. 285, 1338a). Allerdings ist unsere Gesellschaft auf dem gegenläufigen Weg unterwegs. Dem Drängen der Wirtschaft folgend werden schulische Erziehung und universitäres Studium immer mehr zur unmittelbaren Berufsvorbereitung. Unsere Bildungsorganisationen haben sich weitgehend dem Diktat wirtschaftlicher Verwertbarkeit unterworfen, und auch große Teile der in diesen Arbeitenden und Lernenden fragen nur noch nach dem Nutzen. Wirkliche Bildung hat – wie Muße, von der sie stammt – aber den Nutzen nur in sich selbst: Sie dient keinem äußeren Zweck. Bildungsaspekte in selbstbestimmter Weltaneignung in allen ihren rational-geistigen und sinnlich-ästhetischen Seiten geraten dabei ins Hintertreffen. Inzwischen werden sogar in der Wirtschaft die ersten Bedenken laut, dass genau diejenigen Fähigkeiten, die das Arbeitsleben zunehmend erfordert – nämlich Kreativität und Eigenständigkeit – durch verschulte Berufsvorbereitung gerade nicht entwickelt und gefördert werden.

Ohne gute Arbeit durchzusetzen und die Fähigkeit zu Muße in ihrer Bildung und Kultur schaffenden Bedeutung zu gewinnen, wird eine humane Gesellschaft nicht möglich werden. Es stellt sich sogar die Frage, ob eine Gesellschaft, die sich weiterhin der kapitalistischen Arbeitslogik und der Diskreditierung der Muße als Faulheit überlässt, auf gar nicht mehr allzu lange Sicht überhaupt überlebensfähig ist. Die Anzeichen sprechen dafür, dass der moderne Arbeitskult seinen Zenit überschritten hat. In der von Rifkin (2014) prognostizierten Null-Grenzkosten-Gesellschaft regiert nicht mehr die Knappheit die Arbeit, sondern der Überfluss. Schon heute muss in den entwickelten Ökonomien Knappheit in weiten Bereichen künstlich hergestellt werden. Die zukünftige Gesellschaft wird eine ganz andere sein als die uns bisher vertraute. „Die Aufgabe, Schüler und Studenten auf eine Ära vorzubereiten, in der kapitalistische Märkte eine untergeordnete Rolle gegenüber kollaborativen Commons spielen, zwingt langsam, aber sicher zum Umdenken beim Bildungsprozess" (Rifkin 2014, S. 142). „In der kommenden Ära wird die spielerische Entfaltung in den kollaborativen Commons so wichtig sein wie harte Arbeit in der Marktwirtschaft und die Anhäufung von Sozialkapital wertvoller als die Vermehrung von Marktkapital" (Rifkin 2014, S. 172–173). Lernen als ein intellektuelles Spiel der Selbstbildung zu praktizieren, wird die Herausforderung einer zukünftigen Pädagogik, die Wissenserwerb mit Geschmack und Urteilskraft verbindet und Bildung als Selbstzweck und ohne Konkurrenzdruck vermittelt.

Die Wiedergewinnung der Mußefähigkeit wird nicht nur ein verändertes Arbeiten befruchten, sondern ist für die Kohäsion der gesamten Gesellschaft von existenzieller Bedeutung. Ein moderner Individualismus, der sich real eher als Vereinzelung darstellt, als ein Zusammenleben gleichzeitiger Einsamkeit, war dem alten Denken fremd. Muße hatte gemeinschaftsstiftende Funktion. „Nun ist aber auch das Leben geteilt in Arbeit und Muße und in Krieg und Frieden, und die Tätigkeiten sind geteilt in notwendige und nützliche auf der einen, und sittlich schöne auf der anderen Seite. [...] Man wählt den Krieg um des Friedens willen, die Arbeit der Muße wegen, das Notwendige und Nützliche des sittlich Schönen wegen" (1995b, S. 269, 1333a). Bei dieser Formulierung müssen wir bedenken, dass das sittlich Schöne im griechischen Verständnis zugleich das ethisch Richtige und das wissenschaftlich-philosophisch Wahre und dieser Dreiklang nur in einer gerechten Gesellschaft möglich war. Muße also als Voraussetzung gelingender Gesellschaftlichkeit – in dieser Funktion kann sie in einer Gesellschaft, die das Genossenschaftliche dem Kapitalistischen, das Gemeinsame dem Eigentum vorzieht, erst ihre volle Bedeutung und Kraft entfalten.

Im Sinne von Sens Capability Approach (1993) kann es nicht nur darum gehen, die Menschen zur je individuellen Entwicklung ihrer Mußefähigkeit aufzufordern, sondern die Gesellschaft und ihre politischen Institutionen sind gefordert, dafür auch die strukturellen Bedingungen bereitzustellen. Deshalb ist es nicht so absurd – wie Bahr (2007, S. 26) meint – für eine Gesetzgebung einzutreten, „die für eine allgemeine Bildung zu sorgen hätte, welche den Sinn der Muße wieder erschlösse." Russel (o. J., S. 85) war jedenfalls bereits 1935 der Ansicht, dass es die Aufgabe einer fortgeschritteneren Erziehung und Bildung sei, die verinnerlichte Arbeitsideologie zu überwinden und dem Menschen „eine gescheite Verwendung seiner Mußezeit [zu] ermöglichen." Wenn Muße „wesentlich für zivilisatorische Entwicklung" (Russel o. J., S. 75) und das Ergebnis der Muße in einer umfassenden und allseitigen Entwicklung des Menschen besteht, dann wird die musisch-ästhetisch-leibliche Seite wieder mehr als bisher Berücksichtigung in schulischen Lernprozessen spielen müssen, die den Namen Bildung verdienen.

In weiten Teilen unserer aktuellen Ökonomie ist Arbeit im klassischen Hegelschen Sinne der Vergegenständlichung menschlicher Kraft schon nicht mehr bestimmend. In unserer Zukunft der Nicht-Arbeit, die sich technologisch als Möglichkeit abzeichnet, wird es gesellschaftlich darum gehen, in der Muße die Potenziale eines gelingenden Lebens zu entdecken.

Was Sie aus diesem Essential mitnehmen können

- wie sich Arbeit als Summe der Selektionen Bedarf, Leistung und Gebrauch verstehen lässt
- dass Muße aus den drei Selektionen Loslassen, Empfangen, Bildung besteht
- wie Wirtschaft als Vorsorge für künftige Versorgung funktioniert
- warum die kapitalistische Methode, mittels der Sozialform Eigentum Knappheiten zu erzeugen, dank der Digitalisierung unbrauchbar werden wird
- dass Mußefähigkeit unabdingbare Voraussetzung für Bildung und Kultur in einer guten Gesellschaft ist

© Springer Fachmedien Wiesbaden 2015
H.-J. Arlt, R. Zech, *Arbeit und Muße*, essentials,
DOI 10.1007/978-3-658-08900-9

Literatur

Arendt, H.: Vita Activa oder Vom tätigen Leben. Piper, München (1981)

Aristoteles.: Nikomachische Ethik. In: Aristoteles. (Hrsg.) Philosophische Schriften in sechs Bänden, Bd. 3. Felix Meiner, Hamburg (1995a)

Aristoteles.: Politik. In: Aristoteles. (Hrsg.) Philosophische Schriften in sechs Bänden, Bd. 4. Felix Meiner, Hamburg (1995b)

Arlt, H.-J.: Erwerbsarbeit und soziale Existenz. Leitbilder von gestern und Werte für morgen. In: Goetz, W., Eichhorn, W., Friderich, L. (Hrsg.) Das Grundeinkommen. Würdigung, Wertungen, Wege, S. 138–149. KIT Scientific Publishing, Karlsruhe (2012)

Baecker, D.: Die gesellschaftliche Form der Arbeit. In: Baecker, D. (Hrsg.) Archäologie der Arbeit, S. 203–245. Kadmos, Berlin (2002)

Bahr, H.-D.: Fragment über Muße. Paragrana **16**(1), 26–39 (2007)

Bibel, D.: Die Ganze heilige Schrift des alten und neuen Testaments. Naumann & Göbel, Köln (1964)

Brunner, O., Conze, W., Koselleck, R. (Hrsg.): Geschichtliche Grundbegriffe. Historisches Lexikon zur politisch-sozialen Sprache in Deutschland. Klett, Stuttgart (1974)

Cicero, M.T.: De officiis. Vom Pflichtgemäßen Handeln. Reclam, Stuttgart (2007)

Csikszentmihalyi, M.: Das flow-Erlebnis. Jenseits von Angst und Langeweile im Tun aufgehen, 7. Aufl. Klett-Cotta, Stuttgart (1999)

De Certeau, M.: Kunst des Handelns. Merve, Berlin (1988)

Dischner, G.: Liebe und Müßiggang, 2. Aufl. Edition Sirius, Bielefeld (2012)

Duden D.: Herkunftswörterbuch, 3., völlig neu bearbeitete und erweiterte Aufl. Dudenverlag, Mannheim (2001)

Eggebrecht, A., Flemming, J., Meyer, G., von Müller, A., Oppolzer, A., Paulinyi, A., Schneider, H.: Geschichte der Arbeit. Vom Alten Agypten bis zur Gegenwart. Kiepenheuer & Witsch, Köln (1980)

Eickhoff, H.: Behauptung und Muße. Paragrana **16**(1), 126–136 (2007)

Engels, F.: Die Lage der arbeitenden Klasse in England (MEW 2), S. 225–506. Dietz, Berlin (1976)

Foucault, M.: Überwachen und Strafen. Die Geburt des Gefängnisses. Suhrkamp, Frankfurt a. M. (1977)

© Springer Fachmedien Wiesbaden 2015
H.-J. Arlt, R. Zech, *Arbeit und Muße,* essentials,
DOI 10.1007/978-3-658-08900-9

Foucault, M.: Die Gouvernementalität. In: Bröckling, U., Krasmann, S., Lemke, T. (Hrsg.) Gouvernementalität der Gegenwart. Studien zur Ökonomisierung des Sozialen, S. 41–67. Suhrkamp, Frankfurt a. M. (2000)

Gadamer, H.-G.: Hermeneutik I. Wahrheit und Methode. Grundzüge einer philosophischen Hermeneutik. In: Gadamer, H. (Hrsg.) Gesammelte Werke, Bd. 1, 6. Aufl. Mohr, Tübingen (1990)

Göhlich, M.: Σχολή, Arbeit und Organisation. Paragrana **16**(1): 40–47 (2007)

Goethe, J.W.: Zur Naturwissenschaft, Bedeutende Fördernis durch ein einziges geistreiches Wort. In: von Schmidt, E. (Hrsg.) Goethes Werk in 6 Bänden, Bd. 6. Insel, Leipzig (1909)

Habermas, J.: Vorbereitende Bemerkungen zu einer Theorie der kommunikativen Kompetenz. In: Habermas, J., Luhmann, N. (Hrsg.) Theorie der Gesellschaft oder Sozialtechnologie – Was leistet die Systemforschung? S. 101–141. Suhrkamp, Frankfurt a. M. (1976)

Han, B.-C.: Müdigkeitsgesellschaft, 8. Aufl. Matthes & Seitz, Berlin (2013)

Hardt, M., Negri, A.: Empire. Die neue Weltordnung. Campus, New York (2002)

Hastedt, H. (Hrsg.): Was ist Bildung. Eine Textanthodologie. Reclam, Stuttgart (2012)

Hegel, G.W.F.: Grundlinien der Philosophie des Rechts oder Naturrecht und Staatsphilosophie im Grundrisse. In: Hegel, G.W.F. (Hrsg.) Werke 7. Suhrkamp, Frankfurt a. M (1986)

Heidegger, M.: Sein und Zeit, 18. Aufl. Niemeyer, Tübingen (2001)

Heinsohn, G., Steiger, O.: Eigentumsökonomik. Metropolis, Marburg (2006)

Kämpf-Jansen, H.: Ästhetische Forschung. Wege durch Alltag, Kunst und Wissenschaft. Zu einem innovativen Konzept ästhetischer Bildung. Salon, Köln (2002)

Kluge, F.: Etymologische Wörterbuch der deutschen Sprache. de Gruyter, Berlin (1999)

Lafargue, P.: Das Recht auf Faulheit und andere Satiren, 2. Aufl. Stattbuch, Berlin (1991)

Locke, J.: Zwei Abhandlungen über die Regierung. Suhrkamp, Frankfurt a. M. (1977)

Luhmann, N.: Wirtschaft als soziales System. In: Luhmann, N. (Hrsg.) Soziologische Aufklärung. Aufsätze zur Theorie sozialer Systeme, Bd. 1, 4. Aufl., S. 204–231. Westdeutscher Verlag, Opladen (1974)

Luhmann, N.: Einführung in die Theorie der Gesellschaft. Carl-Auer, Heidelberg (2005)

Maier, C.: Die Entdeckung der Faulheit. Von der Kunst, bei der Arbeit möglichst wenig zu tun, 2. Aufl. Goldmann, München (2005)

Marx, K.: Grundrisse der Kritik der politischen Ökonomie. Dietz, Berlin (1974a)

Marx, K.: Ökonomisch-philosophische Manuskripte aus dem Jahre 1844 (MEW Ergänzungsband), (Erster Teil), S. 465–588. Dietz, Berlin (1974b)

Marx, K.: Das Kapital. Kritik der politischen Ökonomie. Erster Band (MEW 23). Dietz, Berlin (1975)

Marx, K.: Kritik des Gothaer Programms (MEW 19). Dietz, Berlin S. 11–32 (1976a)

Marx, K.: Das Kapital. Kritik der politischen Ökonomie. Dritter Band (MEW 24). Dietz, Berlin (1976b)

Marx, K., Engels, F.: Die deutsche Ideologie (MEW 3), S. 9–530. Dietz, Berlin (1969)

Moldaschl, M.: Das Subjekt als Objekt der Begierde – Die Perspektive der „Subjektivierung von Arbeit". In: Schreyögg, G., Conrad, P. (Hrsg.) Theorien des Managements. Managementforschung 12, S. 245–280. Springer Gabler, Heidelberg (2002)

Moretti, F.: Der Bourgeois. Eine Schlüsselfigur der Moderne. Suhrkamp, Berlin (2014)

Negt, O.: Lebendige Arbeit, enteignete Zeit. Politische und kulturelle Dimensionen des Kampfes um die Arbeitszeit. Campus, Frankfurt a. M. (1984)

Nietzsche, F.: Die Fröhliche Wissenschaft. In: Colli, G., Montinari, M. (Hrsg.) Sämtliche Werke. Kritische Studienausgabe in 15 Bänden, Bd. 3, S. 343–651. dtv, de Gruyter, München (1980)

Nussbaum, M.C.: Gerechtigkeit oder Das gute Leben. Suhrkamp, Frankfurt a. M. (2012)

Pieper, J.: Muße und Kult, München: Kösel (2007)

Platon.: Der Staat. In: Platon (Hrsg.) Sämtliche Dialoge, Bd. V. Meiner, Hamburg (2004)

Polanyi, K.: The Great Transformation. Politische und ökonomische Ursprünge von Gesellschaften und Wirtschaftssystemen. Suhrkamp, Frankfurt a. M. (1978/1944)

Rawls, J.: Eine Theorie der Gerechtigkeit. Suhrkamp, Frankfurt a. M (1979)

Rifkin, J.: Das Ende der Arbeit und ihre Zukunft. Campus, Frankfurt a. M (1996)

Rifkin, J.: Access. Das Verschwinden des Eigentums. Campus, Frankfurt a. M. (2000)

Rifkin, J.: Die Null-Grenzkosten-Gesellschaft. Das Internet der Dinge, Kollaboratives Gemeingut und der Rückzug des Kapitalismus (ebook). Campus, Frankfurt a. M. (2014)

Rousseau, J.-J.: Diskurs über die Ungleichheit, 2. Aufl. Schöningh, Paderborn (1990)

Russell, B.: Lob des Müßiggangs. Coron, Zürich (o. J.)

Seel, M.: Versuch über die Form des Glücks. Suhrkamp, Frankfurt a. M. (1999)

Sen, A.: Capability and well-being. In: Nussbaum, M., Sen, A. (Hrsg.) The quality of life, S. 30–53. University Press, Oxford (1993)

Seneca, L.A.: Von der Seelenruhe. Vom Glücklichen Leben. Von der Muße. Von der Kürze des Lebens. Anaconda, Köln (2010)

Skidelsky, R., Skidelsky, E.: Wie viel ist genug? Vom Wachstumswahn zu einer Ökonomie des guten Lebens. Antje Kunstmann GmbH, München (2013)

Smith, A.: Wohlstand der Nationen. Untersuchung über das Wesen und die Ursachen des Volkswohlstandes. Zweitausendeins, Frankfurt a. M. (2009)

Spath, D. (Hrsg.): Arbeitswelten 4.0. Wie wir morgen arbeiten und leben. Fraunhofer Verlag, Stuttgart (2012)

Straub, E.: Vom Nichtstun. Leben in einer Welt ohne Arbeit. wjs verlag, Berlin (2004)

Suzuki, S.: Über die „Muße" aus japanischer Sicht. Paragrana **16**(1), 188–192 (2007)

Tönnies, F.: Gemeinschaft und Gesellschaft. Wissenschaftliche Buchgesellschaft, Darmstadt (1979)

Vanderborght, Y., van Parijs, P.: Ein Grundeinkommen für alle? Geschichte und Zukunft eines radikalen Vorschlags. Campus, Frankfurt a. M. (2005)

Weber, M.: Religion und Gesellschaft. Zweitausendeins, Frankfurt a. M. (2006)

Zech, R.: Qualitätsmanagement und gute Arbeit. Grundlagen einer gelingenden Qualitätsentwicklung für Einsteiger und Skeptiker. Springer, Wiesbaden (2015)

Zirfas, J.: Muße und Melancholie. Paragrana **16**(1), 146–157 (2007)